人是教育的最高价值

李镇西教育思想精华录

李镇西◎著

湖南人民出版社 · 长沙

目录

序言一

千教万教，教人求真

"千教万教，教人求真；千学万学，学做真人。"这是陶行知先生的名言，也是我对李老师此书最直观的感受。

这是一本演讲录，收录了李镇西老师近年来在不同场合的演讲。一般的演讲是先有讲稿而后演讲，而李老师——根据我们对他的了解——是恰好相反的。李老师的演讲通常是没有底稿的，拟定主题、建立框架就开讲，靠的是现场的即兴发挥。正因此，李老师的演讲往往体现出率真的性情，金句频出，饱含激情，比照本宣科的演讲更能引起共鸣。如果教育界举办脱口秀之类的节目，李老师定是最佳人选。

李老师的文章总是容易读进去，好读、耐读，哪怕是已经读过的书，随手拿起一本翻阅，都会不由自主地读下去。原因在于，无论是即兴演讲还是写文章，都是李老师最本真的表达。这本演讲录，是李老师根据自己的演讲实录整理而成的，同时具备演讲之雄辩与行文之平易的特点。作为一个真正的专家、学者，李老师能用最简单的语言把看似复杂的道理说明白,看他的文章就是在和他这个人交谈,没有拐弯抹角的说教,全是真诚的表述,因而最动人。

我是李镇西博士工作站(以下简称工作站)第二期的学员,多次见识李老师演讲的风采。即使是在结业五年后的今天,遇到重大活动时,李老师也常邀请我们往届学员参加。我最近一次听李老师的演讲,是在今年一月,教科院的大会议室坐得满满当当的。围绕"民主与教育"的演讲主题,李老师阐述了"民主教育的核心是尊重""把孩子当作人格独立的人去尊重""每个儿童都是一个完整的世界"等观点,与本书的主题不谋而合。

"人是教育的最高价值"的关注点,并不局限于儿童等受教育者,而是以儿童为焦点,将与儿童教育相关的事物都容纳在内,既包括教师、家长、学校,也包括外界对教育话题的是非争论,还包括日新月异的教育技术手段。无论外在的教育大环境如何转变,李老师都掷地有声地提出他的看法——教育的最高价值是塑造人。

作为一线教育工作者,我切身体会到教育改革有多么艰难,理论、观点虽层出不穷,方法、举措却难以见效。大浪淘尽方见真金,被折腾过的教育工作者才知道李老师的可贵之处——他是难得的敢说真话的教育家。他在各种场合代表一线教师发声,在"为学生减负"的社会导向中关注负重而行的教师,把争议较大的教师职称问题摆到明面上,把对教师的尊重、保护与培养落实到行动中。他真正看到了教育工作者在揭去职业标签后的实质——首先是一个人。

无论是关注教育环境,还是关注教师的生存状态,最终都指向了关注学生。李老师时常对一线老师讲解"儿童视角",成人衡量事物的视角与儿童截然不同,要尊重与理解学生就应该"蹲下来",从儿童的角度去重新审视外部世界。李老师参观过很多学校,他最关注的不是学校的规模、设施或环境,而是学生的生活状态与精神面貌。他多次描述校园内配置滑梯的台北市奎山中学、允许学生端着饭碗在操场吃饭的范家小学、收留"问题学生"的丑小鸭中学等,这些看似简单的教育片段都成了他演讲中的典型案例,使人认识到教育不仅仅存在于课堂,更存在于"饥来吃饭困来眠"的寻常生活。学生既不是天使,也不是"小魔丸",他们只是一个个在成长的人,会面临或产生各种问题,教师要做的就是帮助他们正确面对成长中的得失,引导他们走出逆境,成为一个具有独立人格的、健全的人。

李老师时常向我们普及"新教育"。"新"不是一个形容词,"新教育"也不是提出新的教育观点或摆脱陈旧的、刻板的、模式化的教育方式,而是回归教育本真,看到教育的最高价值——人。

这些道理很多人都懂,却未必讲得清楚。李老师在演讲中举了很多鲜活的例子,让我们见到了一个个真实的、有血有肉的人:他曾经的学生,他担任校长时带领过的一线教师,他访学时遇到的国内外教育同人,他从新闻上得知而素未谋面的陌生人……他关注着这些人与事,把自己的感触与思考带给更多的人。能够亲临现场听李镇西老师演讲的人总是少数,但我们很幸运,能通过这本演讲录,去感受生命或闪光或黯然的瞬间,从他人的经历中观照自身,跟随一位孤介而真实的当代教育家去追寻教育事业的价值。

2024 年 2 月 16 日

(胡艳 成都市武侯实验小学)

序言二

遵循教育的常识

　　李镇西老师向别人介绍我时,常说我是他的助手。的确如此,因为我曾协助他领导工作站,他是导师,我是班主任。但很多人不知道的是,李镇西老师也是我的师父,我是工作站第一期的学员,并由于工作关系屡次"留级"。由于参与了好几届工作站的工作,李老师的讲座我大多听过,对他的教育观点和教育金句渐渐熟悉,比如"自己培养自己""最好的管理莫过于示范,最好的教育莫过于感染""教师成长的'四个不停'——不停地实践、不停地思考、不停地阅读、不停地写作",等等。他常常呼吁大家遵循教育的常识。教育的常识是什么?在我看来,本书的题目、由苏霍姆林斯基的观点演变而来的"人是教育的最高价值"便是其中的关键。

　　"人是教育的最高价值"这个观点并不新。中国自古便有"以人为本"的思想,春秋时期齐国名相管仲就曾明确提出"以人为本"。20世纪五六十年代,人本主义在西方兴起,强调人的尊严、价值、创造力和自我实现。在教育上，人本主义教育理论主张构建以学习者为中心的课程与方法，尊重学生的人格、情感和意见，信任学生可以用自己喜欢的学习方式来获得自我发展，从学生的角度理解学习过程，强调融洽的师生关系与和谐的教学氛围，教师要根据学生的个体差异使用不同的教学方法，等等。个人本位论以卢梭、康德、施莱尔马赫、福禄贝尔等人为代表，主张教育的根本目的在于使人之为人的本性得到最充分、最完善的发展，并强调根据人的本性之需求来确定教育目的。一百多年前，杜威也提出"儿童中心"理论，认为教育本身并无目的，只随着儿童的生长和教育者经验的增长而变化。

虽然观点不新，但"人是教育的最高价值"在今天依然有强调的必要，并且怎样强调都不为过。为什么？李老师认为："我们习惯强调事物的不足之处，而如今我们的教育对人的关怀不够，因此我们要强调人的价值至高无上，强调教育的个人本位。"是的，这是一个人民衣食无忧的时代，但是教育的幸福感却在丧失。作为父母，我们谈论教育，往往谈论的是让孩子考一个好学校，找一份好工作，从而谋得更高的职位，获得更多的薪水；作为教师，我们谈论教育，往往谈论的是如何让学生考更高的分数，如何发表更多论文，获得更多奖项，从而评上更高的职称，得到更好的待遇；作为校长，我们谈论教育，往往谈论的是学校的升学率，多少学生考上重点学校，取得多少令人刮目相看的成绩。教育唯独不谈人，越来越多的人失去了理想，成了学习的"机器"。按照马斯洛的需求理论，人的最高价值是自我实现，那么"人是教育的最高价值"当然可以理解为"帮助每一个人自我实现是教育的最高价值",然而当下的教育却成了"追求生存"之道,这显然是不对的。

本书罗列了人们司空见惯的许多教育现象:学习变成"刷题";教书的人自己不读书;办学过分追求特色,却失去教育的底色;职称评定作为促进教师成长的手段反而困住了一线教师……种种现象折射出了片面应试教育的弊端。面对这些宏大命题,李老师摒弃艰深晦涩的学术语言,始终从小处着手,通过一个个故事,让你透过教育现象看本质,驱散成长中的阴霾,看清那轮灿烂无比的真理的太阳。

当然,李老师在追求人本主义教育的道路上也并非一帆风顺。他在《爱心与教育——素质教育探索手记》中曾坦言:"虽然我对学生充满了教育热情,但基本上是把学生仅仅当做被动接受教育的客体,而未把他们看做有自己独特心灵世界、有充分主体意识的人;在我的眼中,学生是作为共性存在的教育对象,而不是一个个独具个性的人。"正是这种对自己的深刻而尖锐的剖析,使他看到了学生的鲜活个性与差异,使他把每一个儿童放在心上,让教育重新回到一个个具体的孩子身上,关注个体的成长、发展与幸福,找到教育的初心,做干净、纯粹的教育。因此,这本书凝聚了李镇西老师从教四十年的教育箴言,是他对教育真相的洞察和呐喊。

苏霍姆林斯基所言"人是最高价值",这里的"人"特指儿童。本书中"人是教育的最高价值",其"人"的含义显然更宽泛,不仅指儿童,还包括教师、校长、教育家等。因为人是教育的最高价值,所以李镇西老师才在书中一次次地呼吁。他呼吁善待儿童，不能只用成绩来衡量学生；他呼吁善待教师，给教师减负，只有解放教师才能解放孩子；他呼吁学校变革管理方式，鼓励教育家办学，给校长更多自由支配的时间，让更多的校长能够像苏霍姆林斯基那样把时间真正用在教育上；他呼吁我们的社会将思想创新的权利交还给教育者……一言以蔽之，李镇西老师呼唤的是更好的教育！

"什么是更好的教育？"杨东平教授在工作站的讲座中曾经如此发问。他说："芬兰儿童作业少、不考试，芬兰的教育水平仍旧领先世界；在科技竞争的高压下，丹麦依然坚持'在玩乐中学习'；美国积极地创新办学模式，向全球推广特许学校制度；韩国提出了幸福教育的目标，实行初中自由学年制、高中多样化发展；等等。那么，我们的教育方向在哪里？什么是更好的教育？"

我想李镇西老师已经借这本书给出了他的回答。

2024 年 2 月 14 日

（王兮 成都市武侯区教科院）

教育就是让一个人
成为最好的自己

这是 2017 年 8 月 20 日，我
在成都华德福学校的演讲。

我是 1977 级大学生，当时在当知青。我们那个时候考大学没有多少选择，农村公社墙上有几张旧报纸，上面用毛笔字写着大学的名称，没有一个是省外的，全是省内的。我父母是教育工作者，但我并不是因为父母从事教育工作才热爱教育，本来以为父母的工作对于我考大学有好处，实际上根本没有。那个时候为什么想当老师？因为想早点跳出农村，想早点工作，这就是原因，其他没有了。

我当时没有什么理想，如果一定要说理想，我当时想当一个作家。我一直喜欢写作和阅读，读高中的时候，语文老师就请我上台给同班同学讲怎么写诗。我的大学志愿填的是四川师范学院（现为四川师范大学）中文系，我看重"中文"二字，觉得自己的作文写得这么好，应该去"深造"一下，但是后来并没有当作家。30 多年过去了，现在看来，教育无形之中也成就了我的作家梦，它给我带来很多文学因素，比如情趣、浪漫、纯粹等。我左手是教育，右手是文学，比翼双飞，我觉得自己当初的选择是对的。

随着教育实践的深入，我渐渐觉得和孩子在一起也很有意思，他们实在太可爱了。那个时候我仍没有什么理想，就是跟着他们一起玩。久而久之，我才有了可以被称作"理想"的东西，对我来说那是一种责任感，我要尽可能地让每一个孩子感到快乐，让我们班的孩子在三四十年之后回想起相处的时光，还怀念那段阳光灿烂的日子。于是我下定决心，要关怀每一个学生，让他们因我的存在而感到幸福，如此一来，我的教育理想才算实现。我的教育理想就是这么简单。

会前大家唱的那首歌，我是第一次听，虽然没有听清楚歌词，但我觉得很美。我当时在想，10 年、20 年、30 年之后，今天唱歌的这些孩子或许已经将知识忘干净了，但依然记得这些歌词。而现在许多重点中学的孩子，高三一毕业就撕书、毁书，这是对教育有多大的仇恨呀？可 12 年前，他们在即将上小学的那个晚上是何等兴奋，何等憧憬呀！为什么时隔 12 年，曾经向往的生活却成了他们的噩梦？教育的使命，就是让每一个孩子永远觉得受教育是快乐的，是温馨的，这就是我的教育理想。

我之前看到人们在讨论教育的本质这一话题，虽然我攻读博士时研究的是教育哲学，但我并不喜欢从概念出发，我的文章里也很少有"规律""本质"之类的词语。说到"本质"，讨论就变得玄乎起来，不同的人从不同角度出发会得到不同的理解。我觉得，某事物区别于其他事物的独特之处，才能被称作该事物的本质。人们常说教育的本质是爱，这种说法不恰当。教育的确有爱的属性，但不能说属性就是本质，因为许多职业或事业都具备"爱"这一属性，比如医生这一职业。也有人说教育的本质是美，这种说法也不对，艺术同样是美的。教育有爱、有美，但这都不是本质。

还有一些人将教育的本质说得虚无缥缈，比如最近流行的一句话，"教育是一棵树摇动另一棵树，一朵云推动另一朵云"。我觉得这句话说的是教育的影响，意思是我先做起来，你再跟着我做。我并不否定这种说法，只是觉得对教育的认识不能被只言片语左右。我再说一遍，所谓"教育的本质"，就是教育所特有的区别于其他行业的东西。所以我还是比较认可传统教科书上的定义——教育就是培养人的活动，人们总喜欢用一些新颖的词来否定这句话，其实教科书对教育的定义是对的。而问题的关键在于培养什么人，怎么培养人，用什么去培养，这是分歧所在。

关于教育，不同的人有不同的理解。张文质说"教育是慢的艺术"，这是就教育过程而言，指出教育不能急功近利。苏霍姆林斯基说"教育——这首先是人学"，这是就教育对象的特点而言，强调教育的对象不是工具，不是物品，而是人。现在人们爱说"教育是人的教育"，我理解这么说是为了强调"人"的主体性。其实教育就只有一种教育，"非人"就不能说是教育了，不能说教育有两种，一种是人的教育，另一种是非人的教育。那就不是教育了，那就是"非教育"。

我理解的"教育"是什么，是让一个人成为最好的自己的过程。怎么培养一个人？就是让他成为最好的自己，如果他有做国务院总理的潜质，却只做了学校校长，他就是没有成为最好的自己。如果一个人的潜质是成为校长或普通劳动者，那也很好啊！无论做什么，都应该让自己快乐，也让别人快乐。所以，"最好的自己"就是八个字：自己幸福，奉献社会。对个人而言，"幸福"就是身体健康，有责任感，要"让人们因我的存在而感到幸福"。这些话是我教书时给历届学生的见面礼，现在是我们武侯实验中学的校训，学生在周一的升旗仪式上都要高呼校训："让人们因我的存在而感到幸福！"总之，我觉得教育是让一个人成为最好的自己的过程。

我刚才着重在讲教育怎么让一个人的价值得到最大体现，这里面还存在两个问题。第一是个人的意愿，即使个人有某种潜质，也得看他有没有价值追求，愿不愿意去努力实现，同时还要考虑机遇的问题，时代、环境、体制的好坏以及伯乐的有无，都会影响个人价值的实现。第二是他人的评价。我个人觉得，对"最好"的理解不要极端化，所谓"最好"永远是跟自己比，而不是跟别人比，这一点很重要。这里的"好"并不是一个精确的概念，它不仅指向物质层面，还指向精神层面，不能让物质财富成为"最好"的唯一标准。

每个人对幸福的衡量标准不同，同样的工资、同样的住所、同样的生活可能会给不同的人带来完全不同的幸福感，因此不能一概而论。还有一点，"教育"指的并不完全是学校教育，我们通常所说的"教育"应当包括学校教育、家庭教育和社会教育。从某种意义上来讲，家庭教育更重要，而社会教育在我看来则是空白的。什么是社会教育？就是社会环境对人的无意识的影响，是孩子走出家门和校门后遇到的每一个人的言行。

我要说的是，学校教育非常重要，但即便如此，它也只是家庭教育的重要补充。一个孩子很有教养，见人就打招呼，我们可能会夸他："这孩子真乖！这是谁家的孩子啊？"而不会问："这孩子的班主任是谁啊？"言下之意是家长教育得好。倘若一个孩子在学校里满口脏话，人们肯定会指责其父母，而不会问是哪个老师教的。同样地，我们也不要将学生考上著名大学都归功于学校的培养，动辄就说："我们学校培养出了三个上北大的学生，五个上清华的学生！"否则我就要问问："你们为什么不多培养几个呢？"答案显而易见。所以，我曾经在文章中提出一个问题："一流的医院收治的都是最难治的病人，可一流的学校招收的为什么都是最好教的学生？"如今拥有高升学率的名校，无一不是垄断优质生源的学校。我忍不住叱骂："所有以抢夺优质生源为手段而实现高考辉煌的学校，都是耍流氓！"但家长是没有选择权的，因为孩子是他们自己的。很多人问我，我的学生中有没有后来一事无成的，我说当然有。但我从来没有负罪感，因为我已经尽到了自己的责任。学校的作用就是教会学生做人，知识是力量，良知才是方向。现在一些所谓的"优秀学生"有知识，没良知，表面上谈吐文雅，为人却不行。所以家长要注意，你们是孩子的第一教育者。

任何时代的教师都会面临社会矛盾，并非当今独有，我们每个人都只能努力做自己能做到的事。你若是教育局局长，也许可以改变教育评价，但作为校长的我是办不到的，那么我可以思考怎么开发校本课程，这是我能做到的。老师也是如此，没有办法改变高考，那能不能选择教材？如果不能选择教材，那么能不能改变教法？这是可以的。如果学校要统一教法，你连选择教法的自由都没有，那么你讲课时也可以深入浅出，使课堂变得有趣。我们不要老觉得自己什么都不能做，把一切问题都归因于体制，这样是不对的。鲁迅所处的时代肯定也存在体制性问题，但他第一时间想到的是改造国民性，我们应该先努力地做力所能及的事。

我经常思考什么才是好的教育，我觉得学生学得快乐，成绩好，又没有过重的负担，那就是好的教育。现在，学校的排名越是靠前，学生的作业就越多，小学生写作业都要写到晚上十点，问题出现在哪里？怎么才能既减轻师生的负担，又提高学生的成绩呢？我认为教师的个人素质十分重要。高明的教师即便只让学生做十道题，这十道题的作用也相当于一百道题；而愚钝的教师让学生做十道题，却相当于只做了一道题。所以教育教学的一切都取决于教师本人的素质。

那么什么是好教师？我们有很多标准，比如爱岗敬业，忠于党的教育事业，等等。这些都是对的，但我今天不说这些，只从具体可感的角度说。"好教师"的标准，第一是课要上得好。好到什么程度？让学生迷恋你的课，每个老师都要想一想自己的课有没有达到这种水平。我可以非常自豪地说，我做到了这一点。今天，我的一位同事也在下面坐着，她可以做证。她当班主任的时候，把请李校长去她的班上讲课作为一种奖励，班里学生一听说我去上课就会欢呼。

第二个标准是班要带得好，就是会当班主任。班主任必须善于和孩子打交道，我们很多老师上完课就走，不跟孩子打交道，这怎么行呢？教育区别于其他职业的地方在哪里？有人认为区别在于教育是与人打交道，这不准确。很多职业都要和人打交道，比如医生，要和病人打交道。但医生不能感情用事，要和病人保持一定距离。科学家做研究也是一样，要保持冷静，和研究对象保持一定距离。唯有教育者，在精神上要和自己的工作对象融为一体，双方要心灵相通，要走进对方的心灵世界。尤其是教师，要倾听教育对象的心跳，触碰孩子的脉搏，这才叫教育。有的老师把自己当成了大学教师，以为教育就是传授知识，毫不关心孩子的心灵。那么，怎样带班才算是带得好呢？就是让孩子盼着上学，盼着进入温暖的班集体。30年前毕业的学生，在聚会时对我说："李老师，那个时候我们每天都盼着上学！"去年春节我回老家，大街上迎面走来一个人，向我打招呼："李老师，你当年教一班，我是二班学生，那时候我们特别羡慕你们班的同学，你们班上每天都是欢声笑语！"我当班主任有两个特点，一是爱给学生读小说，二是爱带着学生出去玩，所以学生都盼着上学。

第三个标准是学生考出好成绩。抛开教育评价不说，抛开学校考核不说，作为有良知、爱学生的教育者，学生考得一塌糊涂，你的良心过得去吗？让学生考出好分数，不应该只是领导的要求，更应该是教师的责任感驱使而促成的结果。

做好这三点也不一定是好教师，如果一个老师永远教重点班，课好上，班好带，学生考试排名都靠前，那有什么值得骄傲的呢？所以我认为，"好教师"的标准还要加一条，要善于转化后进生。检验一个老师对孩子的爱是真是假，就看他对待后进生的态度。我知道转化后进生很难，老师们还要面对应试的压力，无异于戴着镣铐跳舞，但我们可以努力跳得优雅、自如。语言表达总是有局限性的，因为表述时的角度是单一的。我说要让学生考得好，"考得好"三个字强调的是，好教师应该帮助学生增长知识，而不一定是具体的100分或90分。

从另外一个角度来讲，好教师也要有情怀，有情趣，有文才，有胸襟，尤其是要做一个好人。我在学校大会上讲，从事任何职业的前提都是做一个好人，一个优秀的医生首先应该是一个好人，要把自己作为好人的品质投入职业中。什么是好人？不仅要正直、善良，有良知，还要不断学习。

在这个时代，"课要上得好"不一定是指灌输知识，而是指培养学生的学习品质，在课堂上培养学生的思维能力和创造力。仅仅考虑培训技能、传授知识的话，如今我们在网络上就可以听到一流的课程，隔着千山万水都可以学习哈佛大学的课程。但是我们的课堂是有教育性的，不仅包含知识的传授，还包括情感、态度、价值观的传递。教育必须伴随着情感，正如陶行知先生所说"真教育是心心相印的活动"，只有面对面的教学才能真正完成我们的教育。从这个角度来看，互联网永远不可能取代面对面的课堂，否则教育就取消了。

　　我通常慎用"教育创新"之类的表述，我认为所有好的教育都是朴素的，也是符合人性的。有一次，我在广东参加论坛活动，当时和我对话的正是美国著名教师雷夫·艾斯奎斯。主持人请我给雷夫老师解释一下什么叫"素质教育"，我说："素质教育就是教育!"打一个比方，你叫"雷夫"，从小爸爸妈妈就叫你"雷夫"，但后来出现了很多"假雷夫"，为了把你和他们区别开，爸爸妈妈便开始叫你"真雷夫"，吃饭时会招呼你："真雷夫，快回来吃饭了!"若干年后，我们或许会研究"真雷夫"是谁，会发现"真雷夫"就是"雷夫"。素质教育的所有内涵都是教育原本就有的，比如全面发展、"教学做合一"、因材施教等，教育什么时候不需要这些了？孔子所处时代的教育就包含这些内涵，那时候还是全面发展，比如六艺，骑马、射箭都要学。然而随着社会的发展，学习变成了"刷题"，分数成为判断学校教育质量的重要指标，这时候我们应该强调，"素质教育"就是教育的本来面貌。再打一个比方，我们去商店对售货员说："我要买一斤甜糖!"这句话一点都不奇怪，因为很多劣质的糖都不甜。我这么一解释，雷夫一下子就懂了。所以，我认为，"素质教育"是一个荒唐的概念，同时也是一个令人无奈的概念，现在还必须接着用。因为现在的教育者不重视素质，所以我们必须强调素质。我希望有一天，打着各种旗号的教育都能返璞归真，只留下"教育"二字。如果以后没有"华德福教育"，也没有"新教育"，而只有"教育"，那么我们的教育将焕然一新。

在这里，我要评价一下华德福教育，作为成都地区最早知道华德福教育的人之一，我认为华德福教育就是最遵循自然秩序的教育，所以多年前我就表示我愿意加盟华德福学校。后来我没有加入，华德福学校的创始人黄晓星为此一直感到遗憾。可是我有我的不得已啊！想一想，我刚刚到武侯实验中学，总不能对局长说"我不当校长了，我要去华德福学校"吧？局长会同意吗？但是我一直心系华德福学校，今年五月还带着工作站的学员来这里学习，当时我告诉李泽武校长，我愿意成为华德福学校的成员。直到今天我还在跟他讲这件事，我随时等候华德福学校的召唤。

我对华德福学校的每一位教育者都充满敬意，因为你们不是服从命令被迫而来的，你们完全是自发集结于此，这就是一群热爱教育的人，教育的希望就在这里，我为你们喝彩，你们也应该为自己鼓掌！

今天我要讲的题目是《教育的儿童视角与情感教育》。我想着重谈谈苏霍姆林斯基的教育思想对我的教育实践的影响，或者说，我是怎样将苏霍姆林斯基的教育思想贯彻于教育行为的。

什么是"儿童视角"？在厘清这个问题之前，我先问一个朴素的问题："教育是为了谁？"

其实这个问题有些多余，因为答案是显而易见的。但实际上，即使我们知道教育是为了孩子，行动时也会不由自主地偏离方向。我们先来看几个普通的场景。

首先看一下晏阳初的雕像，他是我国著名的教育家，被誉为"世界平民教育运动之父"，是咱们四川的。他出生于1890年，于1990年去世，活了一百岁。大家看这尊雕像，有没有什么问题？他只是在高处端坐，目光凝望着远方，好像没什么问题，对吧？这尊雕像是我在一所校园里看到的。大家再来看看陶行知的雕像和苏霍姆林斯基的雕像，感觉有什么不妥吗？

有的人可能会说："没发现什么问题，很好啊！"

我却发现了不妥。这是校园里的雕像，校园里最多的是什么？是孩子。而这几尊雕像对于孩子来说未免高不可攀，它们是那样的伟岸，目光直视前方，旁若无人。

我在武侯实验中学当校长的时候，也提出塑造这三位教育家的雕像，我当时就说："这三尊雕像都是给孩子们看的，要有儿童视角。"

塑造晏阳初的雕像时，我对设计者说："晏阳初最让我感动的是他骑着毛驴下乡搞平民教育，他是一个博士啊！你就塑造一个晏阳初骑着毛驴下乡搞平民教育的形象。"最开始设计者将这尊骑毛驴的雕像固定在一个高台上，孩子们看晏阳初都要仰望。我说不行，得弄到地面上，晏阳初的形象绝对不是高高在上的，一定要有儿童视角，要平视。

塑造陶行知的雕像时，我对设计者说："你要再现陶行知的'四颗糖'的故事，让孩子们觉得陶爷爷就在我们的校园里，正在和某个孩子谈心，小朋友的手里还捏着四颗糖。""四颗糖"的故事，大家应该都知道吧？（展示雕像成品）你看，陶行知雕像的目光不是对着远方，而是对着孩子。看，照片中的孩子都围着陶行知的雕像，笑盈盈地看着他。

塑造苏霍姆林斯基的雕像时，我让设计者塑造出苏霍姆林斯基给孩子讲故事的形象。因为苏霍姆林斯基特别爱孩子，他给孩子写了一千多篇小说和童话。（展示雕像成品）你看，苏霍姆林斯基雕像的眼睛也是看着孩子的，这就叫儿童视角。

所以说，教育家的雕像如何设计、如何摆放，反映的都是一种态度——你是塑造给成人看的，还是塑造给儿童看的？

可生活中很多时候，我们的所作所为都不是给孩子看的，而是给成人看的。

什么叫儿童视角？苏霍姆林斯基说："一个好教师意味着什么？首先意味着他是这样的人：他热爱孩子，感到跟孩子交往是一种乐趣，相信每个孩子都能成为一个好人，善于跟他们交朋友，关心孩子的快乐和悲伤，了解孩子的心灵，时刻都不忘记自己也曾是个孩子。"

以上这段话就是对"好教师"的最好解释。这是一段大白话，没有使用修辞手法，句式也不整齐，更不押韵，但是发自内心，特别感人。每次读到苏霍姆林斯基这段话，我都相当感动。"时刻都不忘记自己也曾是个孩子"，这就是儿童视角，苏霍姆林斯基的魅力也正在于此。

在《帕夫雷什中学》一书中，苏霍姆林斯基描述了自己带着学生去探险的一段经历："少年们夏天想进行'水上旅行'——想乘船经过水库驶入大河，然后登上某个'无人烟'的岛子……我只是现在才意识到，正是我自己使他们产生了这个想法；而当时我觉得，他们产生这个念头跟我给他们讲故事无关。可是我们没有船，于是我从新学年一开始就攒钱，到了春天，我就从渔民那里买来了两条船，家长们又买了一条船，于是我们的小船队便出航了。可能有人会想，作者想借这些事例来炫耀自己特别关心孩子。不对，买船是出于我想给孩子们带来快乐，而孩子们的快乐，对于我就是最大的幸福。"

和孩子拥有共同的快乐，这就是儿童视角。

在《把整个心灵献给孩子》一书中，苏霍姆林斯基写道："一个只是在讲课时隔着讲台跟学生会面的人是不会了解儿童心灵的；而不了解儿童，就不可能成为教育者。对这样的人来讲，孩子们的思想、情感和意愿都是不可捉摸的。教师的一座讲台有时会变成一堵高墙石壁，教师在墙壁后面向他的学生'敌人'发动进攻。但更多的情况则是讲台变成被包围的堡垒，'敌人'围攻它，而躲藏在里面的'指挥官'则感到手足无措。"

写得多生动，现在有些老师不就是这样的吗？

苏霍姆林斯基还说："教育——这首先是人学。不了解孩子——不了解他的智力发展，他的思维、兴趣、爱好、才能、禀赋、倾向，就谈不上教育。"我读到这几句的时候，简直拍案叫绝，豁然开朗。"教育——这首先是人学"，这句话可以说是苏霍姆林斯基教育思想的精髓，是打开并理解苏霍姆林斯基全部著作的一把"钥匙"。

"儿童视角"的说法不是我的首创，早就有人说过了。这是一个比喻，其含义就是理解孩子，而理解的前提是了解。

几年前我和一个学生相聚，他告诉我，有一件事在他心里憋了二十多年。那是初三开学第一天，我在班上表扬学生，说："哎哟！经过一个暑假，好多同学都长高啦！某某同学长高了三厘米，某某同学长高了四厘米！"他说："那个时候我就坐在下面看着你，期待着你看我，因为我长高了五厘米！可你看都不看我，没有表扬我。"他说自己那几天都不高兴，心里对我颇有意见，还有一点儿怨恨，左思右想我为什么不表扬他。

当时我的确没注意到他，但如果我知道他为此事不高兴，我可能会这样对他说："你这五厘米是长给谁看的吗？没有听到李老师的表扬，难道你就没有长高吗？男子汉豁达一点儿嘛，为这点儿小事而生气，心胸也太狭隘了吧？如此狭隘的心胸，以后还能干大事吗？"我这样说当然没错，但这是成人视角，而他当年只是个孩子，他感到被忽视并为此生气，也是正常的。我如果真的像刚才所言那样批评他，就是不了解儿童的心理特点，也就是没有儿童视角。

我曾经看过一张照片，照片里的小孩正抱着一条大鱼亲吻着。我不知道作者是谁，也不知道他想表达什么，但是我从中读出了"教育"。那个孩子是多么喜欢大鱼啊，又是搂抱，又是亲吻。但他了解那条鱼吗？不了解，他不知道大鱼真正需要什么。当时，那条鱼最需要的不是搂抱，不是亲吻，而是水。在不了解鱼的情况下，越是这样爱着鱼，鱼死得越快。这不就是现在一些老师的教育吗？有的老师口口声声说爱孩子，却不了解孩子。

让我们重温苏霍姆林斯基的这段话："教育——这首先是人学。不了解孩子——不了解他的智力发展，他的思维、兴趣、爱好、才能、禀赋、倾向，就谈不上教育。"这就是儿童视角。所以，我没有理由批评我的学生心胸狭隘，因为当时他是孩子。

要了解孩子，就必须亲近孩子，并走进孩子心里。因此，拥有儿童视角的前提是和孩子保持共同的兴趣。苏霍姆林斯基说："如果我跟孩子们没有共同的兴趣、喜好和追求，那么我那通向孩子心灵的通道将会永远堵死。"

年轻时当班主任，我常带着孩子们一起出去玩，在草地上摔跤，在公园里下棋，在郊外捉迷藏。这不是教育，就是和孩子一起玩。以一颗童心和孩子一起玩，这就是儿童视角。

我曾经写过一篇文章，说现在很多孩子不一定喜欢学校组织的外出活动，因为要写作文。这多么扫兴啊，完全是站在成人的角度看问题，认为外出活动一定要有意义。现在很多学校组织学生外出都不明说是"玩"，而称之为社会实践活动、社会调查、研学游等，总之必须赋予教育意义，不能是单纯的"玩"。但在我看来，就孩子的成长而言，"玩"有时候就是教育，就是目的。

事实上，现在的学校教育大多缺乏儿童视角，我随便举几个例子。

比如"刨根问底"的谈心。学生犯了错误，班主任总是反复诘问："你为什么要这样做？你为什么要这样做？"站在成人的角度来看，深挖问题的根源，提高认识，惩前毖后，好像也有道理；但站在孩子的角度来看，他如果认识到问题所在，或许就不会那样做了，他哪里会想那么多？可是面对老师的追问，他不得不编一个理由，老师往往并不满足，仍继续追问。最后，学生想的不是自己为什么会犯错，而是自己如何回答才能让老师满意，放自己走。说实话，我年轻时也犯过这样的错误。

比如"借题发挥"的教育。孩子没交作业，往往会被老师当成很严重的问题，并上升高度进行批评，诸如"懒惰""怕艰苦""胸无大志""对不起辛苦工作的家长"等。其实孩子没有交作业的原因或许很简单，只是忘记了，可老师非要借题发挥。

比如"理直气壮"的羞辱。很多老师习惯于公开学生的考试分数和名次，站在成人的角度来看似乎也无可厚非，无非是"激励""挫折教育""营造浓厚的竞争氛围"。但对于孩子来说，他会产生羞耻感和自卑感，在同伴中抬不起头，甚而厌恶学习。

比如"直截了当"的灌输。成人认为很多思想与道理对于个体成长都具有借鉴意义，于是就让孩子记诵那些崇高的思想和精辟的道理，背诵他们根本不懂的词语，这种教条的做法违背了儿童的心理发展规律。这完全是成人的思维嘛！

对此，苏霍姆林斯基这样忠告教育者："在学校里，不许讲空话，不许搞空洞的思想！要珍惜每一句话！当儿童还不能理解某些词句的含义时，就不要让这些词句从他们的嘴里说出来！请不要把那些崇高的、神圣的语言变成不值钱的破铜币！"苏霍姆林斯基的这句话对于今天的教育者来说非常有针对性。教育——站在孩子的角度来看——应当为孩子的未来留下温馨的记忆。

下面说一件十几年前我在武侯实验中学当校长时所亲历的事情。

那是关于武侯实验中学邓万霜老师的故事。我刚就任校长的时候，她并不在学校，而是在家休产假。一天，我收到了孩子们的一封信，信上写道："希望李校长一定要让邓老师回来教我们……"信的末尾是全班孩子的签名。原来，这是邓老师班里的学生，他们担心邓老师休完产假回到学校后不教他们了，于是给我写了这封信。读完这封信，我很感动，未曾谋面的邓老师就以这样一种形象进入了我的视野。后来我在网上写了一篇文章记录这件事，写出邓老师是如何爱学生，而学生又是如何依恋邓老师的。

很快，我在那篇文章下看到了一则留言——

十年过去了，很多事还历历在目。能成为武侯实验中学的一名学生，我感到骄傲和自豪，也感谢我老爸当年在成都那么多所学校中为我选了武侯实验中学。很荣幸，我们遇到了邓老师；也很荣幸，我们遇到了李校长。读到当年那封全班签名的信时，我都快哭啦，那封信正是我起草的。很多往事都涌出来了，一件又一件，包括那句校训——让人们因我的存在而感到幸福。现在每次回学校都会和其他同学聊起您，应该算是"说说那过去的故事"吧。还有一件事，或许您已经忘记了，就是有一年艺术节，我们初二（9）班的节目被刷下来了。大家去您的办公室门口等您，想向您证明我们大家在努力排练。后来您让音乐老师给我们班一次表演的机会，大家都好珍惜，好感恩。

留言者的名字是一串英文字母，我不知道这个人是谁，但我知道这是武侯实验中学曾经的学生。我留言回复道："拥抱你，孩子！我最开心的就是看到武侯实验中学的学生的留言，这种留言常常给我惊喜！虽然我叫不出你的名字，也不知道你如今身在何方，但我知道教育的种子正在远方生根、发芽、开花……"

我们学校的学生毕业后都各奔前程，虽然我不知道他们在什么地方想念我、想念学校，但我们共同拥有一段温馨的记忆。我不由得思索：我们的学校、我们的老师、我们的教育能给学生留下多少温馨的记忆呢？

这里给大家简单说说武侯实验中学。我们学校在成都的位置有些偏远，地处城郊接合部，以前是农村学校，现在叫涉农学校。我们的学生是那些所谓的"名校"不愿意接收的，我对老师们说："他们不收，我们收，我们就是要有陶行知的情怀，有苏霍姆林斯基的情怀，这就是我们的光荣！"你能说我们学校的孩子就没有出息吗？我以前还写过一篇文章，说最好的老师就是要教最差的学生，这叫作"好钢用在刀刃上"，这样的老师才是真正优秀的老师。我们武侯实验中学就有不少这样的老师。

令我惊喜的是，今天现场来了一位武侯实验中学的老师，她是一名普通教师，但非常优秀。有一年她主动跟我讲，自己要教后进生，之后果真成为一个后进生较多的班级的班主任。她带班带得很好，学生因她而感到幸福，我这个校长也因她而感到幸福。今天，许忠应老师也来了，让我们为许忠应老师鼓掌！

（全场掌声雷动，许忠应老师起身向大家点头致意。）

这个掌声也是给我们在场每位老师的，因为你们和她一样，都是普通的教师，有着共同的教育情怀。

好，接着说回那个孩子的留言，它勾起了我的回忆。我寻思着，好像是有这么一回事儿，于是就去翻阅我的日记。当校长的九年时间里，我写了近五百万字的日记，日记里应该有相关记载。我查找那段时间的日记，终于查到了。日记中记录了孩子们辛辛苦苦排练的情形，他们的态度极其认真，令我印象深刻。

我至今记得，我的办公室外面有一个小的平台。孩子们找不到其他可以排练的地方，中午就在那里排练。为了不打扰我休息，他们始终压低声音唱歌，安安静静地跳舞，多么懂事的孩子啊！因此，每次进办公室休息时，我都会在外面挂一个牌子，写着"我已外出，有事给我打电话"。这样一来，他们以为里面没有人，就可以放心地排练。然而，他们如此辛苦地排练，还是被刷下来了。我那天感触颇深，就写了一篇文章。我现在把这篇文章念一下，虽然篇幅较长，但我觉得有价值。

艺术节，请尊重每一个孩子

昨天是艺术节的节目选拔活动，几位被淘汰的小姑娘哭着来找我，希望我给她们一次机会。我说，我理解她们的心情，但我不能以校长的身份让她们"胜出"。既然是比赛，就肯定有输赢，否则就不公平。

但是，事后我一直在想，艺术节的目的是什么？是评出一、二、三等奖吗？是为了淘汰一些质量差的节目，将高质量的节目展示出来吗？是为了在优胜劣汰的同时，伤害一批又一批学生的集体荣誉感和自尊心吗？

当然不是。我想，我们的老师绝不可能是这样的，但客观效果却是如此。从什么时候开始，我们把群众性的文体活动变成了竞技比赛乃至班级对抗赛？学校艺术节不是奥斯卡奖项评选，就像学校运动会不是奥运会一样。或许有些老师会说："人生无处不存在竞争，通过淘汰部分学生也可以加强挫折教育嘛！"

错了。我们的学生现在还缺乏挫折教育吗？周考、月考、单元考、期中考试、期末考试……哪一次不是挫折教育？当然，这些挫折都是必要的。但有必要用艺术节的选拔活动对学生加强挫折教育吗？

比一、二、三等奖更重要的，是孩子们的上进心和尊严。过去的一个月，我们的校园因孩子们的排练而生机勃勃，到处都是青春的舞姿和纯真的歌声。

每天中午我都无法休息，因为一群女孩子在办公室外面排练舞蹈。起初，她们怕影响我休息不得不放低声音，连录音都不敢开，直到我从里面把门锁上，装作不在办公室，她们才放心地唱歌、跳舞。尽管牺牲了休息的时间，但我依然很开心，因为这才是真正的校园。

许多班级的孩子都来找我，让我帮他们看看排练的效果，每次我都欣然前往。我虽然是外行，但也能够看出他们的歌声和舞姿不太标准，可见到他们如此认真，我总是忍不住地说："很好！"简单的一句"很好"，就让他们欢呼雀跃了。

然而，这些孩子不辞辛劳地筹备了一个月，最后却没有机会登上学校的舞台。请老师们换位思考一下，如果是你，你将作何感想？

因此，我有个想法：取消艺术节的淘汰机制，让所有班级都能登台表演。无论他们表演得如何，我们都应该给他们展示的机会。

此时此刻，我正在医院的手术室门外守候着做手术的母亲，心里却依然记挂着这件事。为此，我联系了学校书记和副校长，谈了我的想法，请他们安排所有班级上台表演，如果演出时间过长，可以分两次展示。这样一来，活动的组织难度会增大，老师们也会更辛苦，但只要是为了学生，就是值得的。

"尊重学生""以人为本"——我们平时反复说、反复写的这些话并不是口号，而是行动，就应该体现在这些地方！

2007 年 4 月 28 日

你们看，这么一件小小的事情，被那个如今在异国留学的女孩记了十年，这就是温馨的记忆，这就是儿童视角。

下面我再讲几个小故事，向大家说明什么是儿童视角。

我们学校每年秋天都举办素质操比赛。有一年，我参加总决赛时，中途接到电话，需要去开会，就对身旁坐着的前来参观的副局长说："我要去开会，不好意思。"他说："没关系，你去忙吧！"于是我便离开比赛场地，去开会了。

一个星期以后，我在学校巡视早自习，一个小女孩气喘吁吁地追了上来。我问："找我有什么事吗？"她说："李老师，上个星期的素质操总决赛，你为什么没看完就走了呢？"

我解释了原因，并向她道歉："不好意思啊，下次你们班搞活动，我有时间一定来，好吗？"分别的时候，她一脸严肃地说："李老师，我跟你说，在别人比赛或者演说的时候中途离场是不礼貌的。"

这件事触动了我，在全校教师大会上发言时，我对老师们说："当时我要开会，的确是没办法，但是我为什么没想过跟孩子们打声招呼、解释一下呢？我完全可以说：'对不起同学们，李老师因为要开会，不能继续观看了，非常抱歉，我表示非常遗憾，也请大家理解。'这么几句话就能表达对孩子的尊重，我却没说，我想都没想过要向孩子表示歉意，因为我的眼睛里没有孩子。那我的眼睛里有谁？有领导，因为我临走前向领导打了招呼，可见我骨子里还是有尊卑观念。我自以为是有平等与尊重意识的，但是一不小心就暴露出官本位的思想，希望老师们能从这件事上汲取教训，尊重孩子要从小事做起。"

后来我反思改进，在学校举行大型活动或开会致辞时，从来不说"尊敬的领导、各位来宾、老师们、同学们"，我都是这样说："亲爱的同学们、老师们、各位领导、各位来宾，大家好！"这才是正常的。校园里有三千多个孩子，是领导重要还是三千多个孩子重要？教育不是为了孩子吗？不是应当以孩子为主吗？

有一次，我在接受一家杂志社的采访，察觉到办公室门外有人探出了小脑袋。我走到门口一看，是一个小姑娘，便问道："有什么事吗？"

小姑娘仰着笑脸说："李老师，今天是我妈妈的生日。"

我愣住了，心里想：你妈妈的生日和我有什么关系呢？

她说："我想请李老师写一段话，我拿去作为妈妈的礼物。"

那一刻我太感动了！因为第一，她把我当朋友，妈妈过生日这么开心的事情，她要跟我分享；第二，她认为李老师的祝福可以作为礼物送给妈妈，可她妈妈都不一定认识我！这就是儿童心理、儿童视角啊！

我赶紧唤她进来，走到办公桌前拿出纸笔，问她："你叫什么名字啊？"她说："我叫杨苓，茯苓的'苓'。"我就写道："杨苓同学的妈妈，祝你生日快乐！你有一个孝顺的女儿，你会一直幸福的！祝你永远幸福！"她便拿着我写下祝福的纸条走了。

采访者见状感慨万千，说："李校长，采访其他校长时我也遇到过这种情况，好多校长都会说自己现在正忙着，让学生等半个小时后再来。"

我告诉他，这么做当然也是可以的，但半个小时后学生在做什么？半个小时后他们在上课啊！我的时间是可以自由支配的，学生的时间却不是那么自由的。那一刻，孩子是最重要的，这就叫作儿童视角。

我们学校的新校门修好了，谁来题写校名呢？有的老师建议我来写，我说我不写。他们又说请名人来写，我说："请朱永新老师或流沙河先生来题名都不成问题，但是为什么不找学生写呢？"我们为什么忘记了学生，不请学生来写校名呢？于是我们邀请全校三千多名学生来题写校名，最后选中了程文迪同学的字，把它制作成牌匾镶嵌在学校大门上。我们武侯实验中学附属小学的校名，是五年级学生许晴航写的，写得特别好。我常想，那么多学校都去找名家题写校名，为什么不找自己的学生写呢？

很多人到我们学校参观，看到学生题写的校名时，都对我说："李校长，你多有创意啊！"我说这和创意没有关系，我并非追求与众不同，只要把孩子放在心上，自然就会这么做的。

我再简单谈一下情感教育与班级建设的关系。当然，这只是我个人粗浅的理解，不一定对，在座大多都是研究苏霍姆林斯基教育思想的专家，还请大家指正。

我认为情感教育是针对儿童个体的，只关乎"这一个"，因而具有独特性；而班级建设是针对集体、针对全体学生而言的，更注重整体性。但这二者不是割裂的，个人的情感汇聚后会形成融洽的集体，而融洽的集体又能强化个人的情感，于是产生了凝聚力。所以，情感教育是起点，是基础，是前提；班级建设是环境，是途径，是手段。二者最终都落脚于人的心灵成长。

所以，我还是要强调苏霍姆林斯基的那句话："人是最高价值。"教育的最终目的是人，是人的发展和人的幸福。

接下来我给大家讲几个小故事吧！

【崔涛的故事】

崔涛是一个善良、聪慧的孩子，有着一双明亮的眼睛，看上去十分可爱。

一天中午，我在午休，听见办公室外面传来"一二一，一二一"的声音。那是崔涛在指挥同学们排列方阵，为运动会开幕式做准备。后来学生告诉我，崔涛让大家管好自己，不要影响我休息，我听了感动不已。

最令我感动的是，有一次崔涛找到我，请求我将他们班上一个成绩不太好的同学安排到他旁边坐。我询问原因，他说自己上课可以监督那个同学，下课还可以帮他补习功课，我便慨然应允了。

到了初三，有一天数学老师对我说："李老师，昨天下了晚自习，你们班很多同学都没有走。原来是崔涛召集了班上成绩优秀的二十多名同学，留下来一对一地辅导那些成绩落后的同学。"当时我太感动了！这不是我安排的，而是同学们自发的行为，这就是爱的教育，这就是情感教育。

有一年，学校安排我去西安学习三个月，孩子们依依不舍，一直送我走到火车站站台。火车开动后，我在窗边向他们挥手作别，他们一边跟着火车跑，一边喊着"李老师再见"，崔涛跑在前面，后面几个孩子边哭边跑。这也是我和学生共同的温馨记忆。

2003 年，我去苏州攻读博士，临近毕业时回成都，在学校里看到已经读高三的崔涛背着一个学生从一楼走到四楼。我上前询问他原因，他告诉我，那个同学打篮球时摔断了腿，腿上打着石膏，不方便行走。当时已经是四月份，离高考越来越近，为了不耽误学习，崔涛每天都到那个同学的家里接他，打车到学校后，再背着他从一楼走到四楼。

后来崔涛考入中国科技大学，大学毕业后在上海找到一份不错的工作。假期回成都时，我们小聚，他感慨现在不少年轻人没有社会责任感，说道："我想搞教育！"他认为教育才能改变人，进而改变我们的社会。我当时对他说："崔涛，你就是仰望星空的人。"

但他的专业和教育毫无关系，他也没有教师资格证，于是我便推荐他到杨东平教授的 21 世纪教育研究院。我给杨东平教授打电话时说："崔涛是一个很优秀的孩子，他不是找不到工作，他是想从事教育行业，他有教育梦。"后来崔涛在杨东平教授那里做得非常好。

积累了一些经验之后，崔涛回到成都的一所学校实践创新教育，也很有成就。那所学校和传统的学校不一样，课程不一样，师生关系也不一样，老师和学生是完全生活在一起，同吃同住的。如今再见崔涛，我更是感慨万分，想不到当年的师生如今一起投身教育事业，成了志同道合的教育工作者。

【胡夏融的故事】

咱们再看胡夏融，他也是一个非常优秀的孩子，这是当年我给他拍的照片，作为班长的他正在主持主题为"学习本领，报效祖国"的班会课，强烈抗议北约轰炸中国驻南斯拉夫大使馆。

毕业十年后，胡夏融写了一篇文章追忆往事——

……现在回忆起来，那段时光是我人生中非常宝贵的经历。是李老师改变了我，他告诉我，也告诉大家"让人们因我的存在而感到幸福"；是李老师让我们的心中充满爱与关怀，教导我们孝敬父母、爱护弟妹、关爱他人、乐于奉献。

人与人之间最美好的关系无非是单纯的爱与被爱，欣赏与被欣赏，尊重与被尊重，而这就是李老师和我们的关系。

在他的心中，每个学生都是可爱的，每个学生身上都有闪光点。他正视我们的缺点，也从不忽视我们的优点，哪怕我们只取得一点点进步，他都会由衷地表扬我们、鼓励我们。

在我的记忆中，我们班就是一个大家庭，同学们都是家里的孩子，李老师就是这个家的父亲。这里没有冷漠，没有孤独，没有自私自利，没有钩心斗角，充满了温情，充满了真诚的祝福和鼓励，充满了团结和友爱，大家同甘共苦、共同进步。

李老师希望我们都能阳光而快乐地成长。他常常带我们出去郊游，每次郊游时他都像一个大孩子一样坐在我们中间，女生把花戴在他头上，男生跟他摔跤、扳手腕。

在认识李老师之前，我只在电视上看过这样欢乐的场景，不敢想象这么融洽而亲密的师生关系居然出现在我的生活中！李老师既是我们的好老师，又是我们的好朋友，我们所有人都喜欢他，那个时候我觉得世界上没有比他更好、更温暖的人了……

我不知道如何描述那如诗一般美好的日子。十年来，那段时光常常在我的脑海中浮现，有时做梦都会梦到李老师给我们上课，和我们一起参加活动，带我们出去郊游，教育我们要好好做人……一直以来，我都为成为李老师的学生而感到自豪，甚至一度怀疑自己从事科研工作是否有意义。因为我始终觉得，比起李老师对人的关怀，做科研项目或发表论文都太微不足道了。

李老师对我的教诲，时时刻刻在我的脑海中，提醒着我怎么做人。我留在父母身边学习、工作，怕他们年纪大了孤单，常常回家给他们按摩，陪他们聊天；我把自己为数不多的补助寄给在外地读书的弟弟，希望他能吃好点；我像过去一样给班上学习落后的同学复习功课……孝敬父母、爱护弟妹、尊敬师长、关爱同学，让人们因我的存在而感到幸福，这是李老师给我带来的最宝贵的精神财富。

看到胡夏融的这篇文章，我无法不感动，无法不幸福。他那么优秀、那么善良，主要是因为受到良好的家庭教育，和我并没有直接关系，但我说的那句话——"让人们因我的存在而感到幸福"对他也有一定的影响。

前年的某一天，胡夏融给我打电话，说他们班王墨兰从新西兰回来了，想来看我，我欣然答应。第二天，胡夏融和王墨兰就到我们学校来了。王墨兰带来了她父亲为我题写的一幅字，上面赫然写着"桃李满天下"。学生毕业十几年，我还能得到学生家长这样的评价，这就是一个教师所能获得的至高无上的荣誉！

王墨兰毕业时曾送给我一个剃须刀，我用到现在。见面那天我特意带上给王墨兰看，她激动地说："李老师竟然还留着这个剃须刀！"

所谓"情感教育"，意味着教师本人要富有情感，教师若没有情感，就无法丰富学生的情感体验。

【王露霖的故事】

接下来我要介绍的这个女孩叫王露霖，是我在武侯实验中学当班主任时教的一个孩子。

在讲她的故事之前，我想重温一下苏霍姆林斯基的几段话。苏霍姆林斯基曾说："我已无数次说过，并且到死也要说，教师和儿童的相互关怀，是连结心灵的极细红线，依靠它们（请注意，这在我们教育工作中是极为重要的），一个人可以不通过语言就能理解别人，能感觉到别人内心最细微的活动……我亲爱的同行，这种心连心的感觉，善于看到别人的内心，是使你保持健康的永不枯竭的源泉。"苏霍姆林斯基的意思是，要培养孩子善良、敏锐的心，培养孩子细腻、柔软的心，要让孩子有最细腻的感受。

苏霍姆林斯基还说："我总是认为，一个最重要的教育任务就是要教儿童用心灵去认识世界，用心灵去了解别人——不仅是亲友，而且是生活道路上遇到的任何同胞——的处境。把小孩教得会感觉出他所遇到的人内心沉重、有某种悲痛，这是一种最细致的教育本领。"

反观当下，许多孩子的心变得越来越坚硬，越来越麻木，缺少爱的滋养。前不久我写了一篇文章，批判当下盛行的"学霸""学渣"等词语，以及"提高一分，干掉千人"之类的口号。成绩好就是"霸"，成绩不好就是"渣"，同学全都变成了竞争对手，这样的教育太可怕了。

我继续讲王露霖的故事。开学第一天，我看到班上一个女孩的面部有些异常，似乎遭遇了毁容。我担心她初中三年不好过，不知道其他同学会怎么对待她。我很想知道她的脸为什么会受伤，只有了解情况才能有效地引导她，但我又不能直接问她，怕伤她的自尊心。

于是，我将疑惑藏在心底，通过一本书、一篇小说和一句话，不露声色地对全班同学加以引导。那本书是《爱的教育》，我推荐给学生，让他们自己读；那篇小说是《一碗清汤荞麦面》①，我利用语文课和学生一起阅读；那句话是"让人们因我的存在而感到幸福"，是我送给历届学生的见面礼，大多数学生毕业后都还记得。

我这么做的用意不在于教孩子善良——童心都是善良的，孩童的善良是不需要教的——而是教导他们保持善良，保有一颗童心。苏霍姆林斯基有一个观点，他认为儿童的心灵不是一块不毛之地，而是一片肥沃的土地，里面原本就孕育着善良等品质，老师要做的是帮助它生长。

我在引导学生时并没有提到王露霖的名字，但我希望他们能够联想到班上那些需要尊重和帮助的同学，联想到王露霖并予以关怀。

开学后不久，我给学生布置了一项作业——以"这就是我"为题进行演讲，目的是让他们自我介绍，熟悉彼此。学生分好小组后，经过组内演讲推选出最棒的演讲者，再面向全班演讲，结果第四小组推选出来的演讲者是王露霖。我当时一惊，心里开始着急，担心她第二天上台演讲会被同学嘲

---

① 又作《一碗阳春面》。

笑。哪怕只是无意发出的笑声，也可能导致尴尬的局面。

于是，那天下午放学后，我找王露霖谈心，了解她的情况和想法，让她在第二天的演讲中卸下心理负担。

聊天的过程相当顺畅，我告诉王露霖，开学以来我每天都找同学们聊天，了解他们的小学生活，今天也想了解一下她的情况。随后我们聊起她小时候的生活，她比我想象的要开朗、健谈，也很信任我，愿意对我说心里话。

我一边闲聊，一边将话题引到她曾经的经历上，问她觉得自己的优点是什么。她说："我觉得我很坚强，我的脸被烧伤后，我住院治疗都挺过来了……"我才知道，在她五岁的时候，家人用酒精灯时不慎打翻了酒精灯，她的脸不幸被烧伤。之后的很长一段时间，她都在医院里接受康复治疗，为此承受了许多痛苦。

我对王露霖说："你不是经受了别人难以忍受的痛苦，而是经受了别人难以想象的痛苦！你真了不起啊！你该为自己自豪。"

接着，我给她讲了台湾画家黄美廉的故事。黄美廉自幼罹患脑性麻痹症，面部及四肢肌肉都不受控制。她的父母带着她四处寻访名医，得到的都是无情的答复。她不能言语，嘴角喎斜，不住地流口水。她十四岁时随家人移居美国，先后就读于洛杉矶市立大学和洛杉矶加州州立大学艺术学院，如今已成为艺术博士，在世界各地开画展。

在接受采访时，有人问她在成长过程中有没有感受到不公，有没有怨恨。她这样回答："我怎么看自己？第一，我很可爱！第二，我的腿很长很美！第三，我的爸爸妈妈很爱我！第四，上帝会公平地对待每一个人！第五，我会画画，我会写稿子！第六，还有很多的生活方式让我热爱……我只看我所有的，不看我所没有的！"

我对王露霖说："这就叫自信，这就叫自强！与黄美廉相比，你的身体状态强多了，我坚信你一定也能像她一样自信、自强！"

第二天，轮到王露霖上台演讲时，同学们的掌声格外热烈。王露霖侃侃而谈，落落大方，她谈自己的家庭、自己的小学生活、自己的经历乃至自己的伤疤，她说："人的美丽在于心灵，人的高贵在于精神！"她甚至毛遂自荐："我从小就喜欢唱歌、跳舞，我还学过拉丁舞、街舞、民族舞，同学们对我这么好，我想为同学们服务。希望下周选班干部时，同学们能够支持我当文艺委员。"

我当时未免有些担忧，害怕其他同学取笑她。但这只是成年人的顾虑，下面坐着的孩子没有一个人笑她，不但没有笑她，相反，每双眼睛都仰望着台上的王露霖，饱含敬意地仰望着。那一刻，我很难说出是谁在鼓励谁，也许是王露霖感染了其他同学，也许是其他同学鼓舞了王露霖，又或者是大家在相互温暖。

王露霖演讲完，掌声依旧热烈。之后是点评环节，原本我想表扬王露霖讲得最好，随后突然意识到应该把这种表扬变成集体认可，于是我问道："同学们，你们说今天谁讲得最好啊？"

全班五十多个学生用尚未变声的童音同时喊出了一个名字："王露霖！"声音在班级里回荡着，太感人了！洪亮的声音撞击着王露霖的耳膜，撞击着她的心灵，她感受到了全班同学给予的鼓励和温暖，远胜于我一个人的表扬，这就是情感教育。

所谓的情感教育，并不需要将"情感教育"几个字随时挂在嘴边。情感教育首先是一种实践，是生活，是细节，是自然流露出来的对生活的态度，这才是真正的情感教育。

当天晚上我在日记中这样写道：

那一刻，我真的非常感动。我和孩子们一起不知不觉地营造出了非常美好的氛围，不仅温暖着王露霖，也温暖着教室里的每一个人！在这里，王露霖不自觉地成了一个教育者，以自身行动告诉其他同学什么是自尊、自信、自强。其他同学也不自觉地成了教育者，鼓舞着王露霖继续她那曾经不幸却依然美好的人生。只有我是一个自觉的教育者，默默地欣赏眼前的一幕。不，我也是受教育者，被我的学生教育着、感化着……

这就是教育，这就是令我乐在其中的教育，哪位老师能不享受这样美好的教育呢？

学生升入初三时，中央电视台的工作人员与我联系，让我去一档访谈节目上讲故事。节目组的采编先行来到成都对我进行采访，听到王露霖的故事时，他们提议让王露霖到电视台接受采访。我当即表示反对，即使王露霖的故事很感人，我们也不能消费她的创伤。但节目组的人认为，只要王露霖愿意就不成问题，可以先征求她的意见。

我把这个消息告诉王露霖，她竟毫无芥蒂，坦率地说："那有什么关系？我可以去的。"我这才意识到自己低估了王露霖内心的强大，同时又想起之前的一件事。大概是初二的时候，王露霖在"阳光之星"的评选活动中获得表彰，需要在校园里张贴她的照片，我担心张贴她现在的照片会引人注目，影响她的心情，就问她能不能给我一张受伤前的照片。她反问道："为什么要受伤前的照片？"我谨慎地向她解释缘由，她却说："没关系，我就用现在的照片！我每天都在学校里走动，谁要笑我随他去！"当时是课间，教室里的同学听到了她的回答，都忍不住地为她鼓掌。

最终，她和我一起走进央视演播室接受专访，她的讲述感动了主持人，也感动了电视机前的观众，使我多年之后回想起来仍历历在目。

后来，我到成都市一所小学做报告，讲了王露霖的故事。与会的一位老师对我说："李老师，我是王露霖的小学老师。"当时我太感动了，那是王露霖的小学班主任！在王露霖动手术和接受康复治疗时，她的小学老师都曾给予关怀和慰问。我说："感谢你们对王露霖的照顾，你看她这么阳光、这么开朗，多好啊！"她说："王露霖也很幸运啊，离开我们又去到你的班上，这是爱的接力。"我说："对，爱的接力。"

又过了几年，已经工作的王露霖邀请我和她的小学老师一起吃饭，师生重逢，格外亲切。当天晚上王露霖有感而发，在朋友圈写道：

今天晚上，我和我的初中班主任、小学语文老师、小学数学老师一起聚会。那一刻，我感受到了久违的温情，看着他们熟悉的面孔，我脑海中满是爱的回忆。我常常在想，到底是什么让我如此自信、坚强、勇敢和美丽？如今我才明白，是一直在我身边支持我、鼓励我的他们。

刚到成都的那一年，我的内心是多么煎熬，有了两位王老师的鼓励和帮助，我才那样快乐地毕业了。初中时遇到李镇西老师，李老师教了我太多东西，直到今天我都难以言表。一直被爱包裹着，我才会变得越来越自信，越来越坚强。的确，人的美丽在于心灵，无须在乎那些外在的东西。

初三那年在央视录制节目，让我对自己的人生更加确定了。所以，谢谢，谢谢一直喜欢我、支持我的李老师，谢谢始终陪伴我、鼓励我的两位王老师，我也会把这份爱传递下去，用自己的善良和坚强感染身边的每一个人！

"我也会把这份爱传递下去"，这才是教育的根本——感受爱、传递爱。无论是崔涛、胡夏融，还是王露霖，他们的善良都不是我培养出来的，我能做的只是发现他们本身的善良，传递善意。正如苏霍姆林斯基所言，理想的情感教育是挖掘人性中固有的善良，又去感染别的人。

【安超的故事】

下面我要讲安超的故事，别看他长得白白胖胖、活泼可爱的样子，当年可真是让我操心啊！

初二下学期开学时，安超的妈妈带着他来向我告别，说安超在石室中学这样的重点中学里学习过于吃力，想给他转学。安超成绩不好又调皮，这样的学生要转学了，对于其他老师来说或许是个好消息。可我当时却有些内疚，觉得自己身为班主任没有尽责。他妈妈说要找一个适合他的学校，让他继续读书，我想这么做对于安超来说也许更好，便不再说什么。

我觉得这件事可以作为教育契机，于是在班上召开了以"责任"为主题的班会课。班会课上，我问同学们："安超的转学和我们每位同学有没有关系？我们有没有尽到帮助他的责任？"我首先检讨自己，作为班主任，我还有许多工作没做到位，不然安超也许不会转学。我又问："如果我们每个人都能多关心、帮助安超，他会转学吗？现在安超已经离开我们班，但大家不妨想想，身边还有没有需要自己帮助的同学？怎么才能防止第二个'安超'转学？"

没想到过了两天，也就是第三天晚上，有人敲响了我家的门。我打开门一看，是安超和他妈妈来了。他妈妈打了招呼后欲言又止，半晌才开口道："李老师，我们安超想转回来，行不行？"我几乎是脱口而出："没问题，欢迎！"

但我马上想到，我又不是校长，这件事不是我可以做主的。于是我去找王绍华校长，对他说："就当那孩子生病请假，在家待了两天，现在病好了又回到班上来了。"说实话，一个主动转学的后进生如今又想转回来，这种情况换个校长多半是不会同意的，但王校长不是一般的校长，他富有爱心与良知，爽快地答应了我的请求。

就这样，离开仅两天半的安超又回到了我们班。同学们自然非常高兴，专门为他举办了一个热烈的欢迎会。在欢迎会上，我特意请安超讲述他转学的经历与感受。安超大大方方地站在讲台上向同学们讲述他那几天的经历，以及他为什么要回来。安超的语言很朴素，但每一句话都饱含对我们这个集体的爱。同学们在台下聚精会神地听着，从安超的口中，他们进一步体会到我们班的温暖。这也正是我的目的，让同学们珍惜集体生活的每一天，珍惜彼此之间纯真的友情。

当时，安超还专门写了一篇发言稿，那篇稿子我保存至今，现摘录如下。

转学后又转回来

人们常说，一个人只有失去了才懂得珍惜。这句话说的就是我。

我在石室中学读了一年半，由于成绩没什么长进，妈妈就打算给我转学。那天办理转学手续时，我和妈妈去向李老师告别，我的眼泪止不住地流。

去新学校报名的那天下午，我刚进校门就被政教处的老师抓住了。一顿臭骂之后，他让我站在操场中央晒太阳，后来还是一位老大爷把我放走的。我好不容易找到了自己的新班级，新同学却一拥而上看热闹。这时，一个同学竟然拿出打火机，点燃后在我面前晃，差点烧到我的头发。还有两个同学为了争抢什么东西正在打架，真是乌烟瘴气！

当天的第一节课是政治课，我坐在一个同学后面，亲眼看见他在吸烟，老师明明也看见了，却当作没看见。下课后，同学们谈论的都是一些庸俗的话题，几个女同学穿得像社会上的时髦女郎，男生没有一个是穿戴整洁的，身上的衣服像穿了几年没有换过似的，都是油渍、饭粒。

第二天的第一节课是音乐课，老师没有教课本上的歌，而是教我们唱刘德华的《笨小孩》、任贤齐的《对面的女孩看过来》，全部都是流行歌曲。特别是语文课，不能和李镇西老师的课相比。老师上课时完全不管下面的同学怎么闹，只管拿着书本讲，又枯燥又乏味。新学校的学习设备也比不上石室中学，只有一间微机室，电脑的处理器也很老了。

令我感受最深的是，那里的老师对学生十分冷漠，所以学生也都冷酷无情，毫无爱心，一点也不像石室中学。那里的班主任也姓李，但远远不如李镇西老师和蔼。那个李老师看学生时，眼睛是三角形的，说话非常不礼貌，让我感到很压抑。

我回家后对妈妈说了我的感受，妈妈就把我送回来了，于是我又回到了我亲爱的班集体。一回到班上，我就感受到同学对我的关心了。李翔见到我，说的第一句话就是："你走了，我们好想你！"我听了心里十分激动。

还有同学说："你又长高了！"我才走了两天半，居然说我长高了。郭锐还开玩笑说："那里谁欺负你？跟我说，我带人去捶他！"

转学后又转回来，我十分感谢同学们对我的关心，我会更珍惜在这里的每一天、每一秒。

这就是安超的故事，这就是情感教育，这就是班级教育。

后来，安超变得非常努力，在各科老师和同学们的帮助下，他进步得很快，不仅考上了高中，还如愿考上大学。毕业多年后，他们班组织过一次聚会，安超也来了，他现在是一家国企的中层干部。临别时，他对我说："李老师，你是我人生的启蒙老师，我永远记得你对我说，要平等地对待每一个人。"

【邹冰的故事】

邹冰是我十几年前的学生，也是安超的同班同学。他看上去和安超一样可爱，却是个顽劣十足的孩子，不仅不写作业、上课捣乱、顶撞老师，还带着几个男生去其他学校打群架，时常把班里的几位女老师气哭。

这样的孩子要怎么转化？我想讲几点。

第一，要相信孩子，并设法激发他的上进欲望。这是苏霍姆林斯基的重要观点。面对后进生，我们一定要坚信，无论他看起来多么无动于衷，多么流里流气，多么不可救药，他的内心深处都有着"做一个好人"的愿望。

对于邹冰，我就是这样想的。不管他在我面前怎样调皮、怎样犯错，我都坚信他从来没想过做坏人。但邹冰毕竟是孩子，需要我去引导。我曾经想为邹冰找个助学者，就是安排一位优等生成为他的同桌，监督他好好听课。但邹冰不愿意，他觉得不自由，即使我强行安排，在他的抵触下也不会产生效果，因此我只能等待时机。

一次，邹冰考试没考好，晚上回家被他爸爸打了一顿，便出走了。我得知消息后，和他的父母一起四处寻找，直到凌晨也没有找到。第二天早上，我赶回学校，却惊奇地发现邹冰已经坐在教室里了。我当时忽然有些感动，毕竟他还知道回来嘛！

我把他带回办公室，和他谈心。我问："昨晚去哪里了？"他说去天府广场了，在毛主席雕像下过了一夜。我开玩笑地说："原来是去给毛主席当警卫员啦！"邹冰说："李老师，我做了作业。"这孩子流落街头都没有饭吃，却还记得写作业。我又惊又喜，便问他是怎么完成作业的。邹冰说："我趴在广场的草坪上，借着路灯的光做完的。"他把作业本拿出来，我一看，答案几乎都是错的。但他的态度至少是端正的，也表明他的确是有上进心的。

于是我问他："你想不想当优等生？"他毅然答道："想！"我询问原因，他却说："优等生成绩好，写作业快，就不会被爸爸打了。"多可怜的孩子啊，想当优等生只是为了不再挨打受骂。

我继续问："那为什么不努力呢？"他说："我就是管不住自己，对自己要求不严格。"我又问："那你现在觉得自己有哪些问题？"他说："就是学习不主动，非要别人监督。"我问："那你现在还需不需要助学者？"他坚定地点了点头。看，他的上进心被激发了，开始主动寻求别人的帮助。这就是我的引导，这就是他的进步。

于是我安排班长胡夏融来帮助邹冰学习。助学者当时要做一件事，就是给助学对象写"家校联系本"。因此每天放学时，胡夏融都会在"家校联系本"上写下邹冰当天的表现和当天的作业，邹冰自己也要写下自己的表现。邹冰的爸爸妈妈看完本子上的内容之后，也要写下孩子在家的表现，第二天由邹冰带回学校给我看。

我至今仍保留着胡夏融当年为邹冰写的联系本，回看本子上的记录，便对邹冰当时的表现了如指掌。因此我认为，非常时期对非常学生是需要采取一些非常措施的，并且也容易奏效。大家看邹冰的一段文字：

今天我表现较好，上课认真，课间不打闹，英语听写也合格。但我认为赖老师对我的要求太低了，我错了四个地方，她还算我合格，胡夏融只错了一处都不合格。并不是我高估自己的实力，而是如果赖老师对我要求不严格的话，我可能很容易就满足了。所以麻烦你跟赖老师说，以后听写，只要我错了三处就算不合格。

胡夏融错了一处，在英语老师看来都是不合格的；邹冰错了四处，在英语老师看来也是有进步。这说明英语老师擅长因材施教，没有忽视邹冰和胡夏融在学习上的差异，但邹冰对此却不满意，足见他有上进心。所以，我给他批了五个字："很有上进心！"

第二，除了激发上进心，我们还要让孩子感受集体的温暖，要让每一个后进生都能感受到来自同学的爱。所以，我非常注重发掘其他同学对邹冰的正面评价，哪怕只有一句，我也要在班上极力宣扬。

同学们也在用心感受邹冰的可贵之处，胡夏融曾经在随笔中写道：

窗外很冷，教室里却飘扬着轻柔的歌声。邹冰和我坐在一起，周围的同学都静静地听着，听我们唱歌。

教室里很安静，只有悠悠的歌声在耳边萦绕，我们的心都很宁静。"我觉得邹冰好纯洁啊！"李翱突然对我说。我看看邹冰，他摇头晃脑的，完全沉醉于自己的歌声之中。我很少看见邹冰如此专注、投入，也很少感到邹冰的心如此平静——没有粗俗的言语，也没有无聊的举动。我感到，我们的心仿佛飞到了一个圣洁的地方，那里只有蓝天、白云、树木、花草，只有清澈的小溪缓缓流淌，空中的鸟儿自由飞翔……

我在班上读了这篇短文，让同学们为邹冰鼓掌，也让邹冰知道自己在什么时候最受同学欢迎。

向启同学也曾在一篇文章中写下他对邹冰的观察。

窗外，阳光灿烂……

教室里却出奇地安静。现在是星期四下午3点10分，我们正在进行语文考试。

这个星期我坐在门边，这真是一个"有利"的位置，可以清楚地观察每个同学开门的动作。第一个上厕所的人已经出现，是邹冰。他可是我班的头号壮士！光看他那170多厘米的个子和结实的肌肉，你没准会以为他是打手，至于开关门那更不用说了，肯定是一声响亮的"砰"，随之而来的必定是奋笔疾书的同学的抗议和李老师的"不像话"。

可是，我发现我错了，大错特错。邹冰用不易察觉的声音走到门口，再用那只在校运会铅球比赛中夺冠的右手轻轻扭开门锁，开了一条缝，闪出门去，又慢慢地拉上门，整个动作几乎没有一点声音。连正在思考阅读题的我都没什么感觉，更别说后面的同学了。"真是好样的！"我心里这样想。

然而我还是不免有些担心，为邹冰回来而担心。从理论上讲，从外面开门难度更大，万一弄出声音，岂不打搅同学们？我正想着，忽然听见门边传来一声轻响，随即什么声音都没有了。过了一秒钟，我发现门锁开始缓慢转动，那是一种怎样的速度啊！简直比蜗牛还慢。门终于打开了，却只有离门最近的几个人知道。我抬起头，看到的是邹冰天真的笑脸。顿时，我感到无比欣慰：我们的同学这样可爱！

不错，邹冰在很多方面还很差，但正因如此，他这种为同学着想的品质才更难能可贵！不仅仅是邹冰，所有同学在所有小事上的表现都感动着我，感动着其他人。我相信只有我们三班的同学才做得到！

猛然想起李老师常说的一句话："生活在感动中是一种幸福。"

窗外，阳光灿烂……

难能可贵啊，我都被邹冰感动了！我在班上朗读这篇文章时，全班响起了一阵阵热烈的掌声。

第三，要用集体舆论代替教师的个人评价。我的意思是，班主任一个人的精力有限，要管理那么多学生着实不易，所以要善于将后进生交给集体。

以邹冰为例，他取得进步后还当了体育委员，但孩子毕竟是孩子，没过多久便故态复萌了。有一次，他连续几天都不遵守课堂纪律，气得一向温和的胡夏融也直言要放弃。于是，我决定对邹冰小惩大诫，告诉他："你现在身为班干部，不但不遵守纪律，反而影响课堂秩序，怎么能成为别人的榜样呢？为了惩罚你，我决定不让你参加今天下午的足球比赛。"

他是班级足球队的队长，不能参加足球比赛对他来说算是比较严厉的惩罚了。

但我突然想到，即使邹冰接受了这一惩罚，也只会认为这是我个人对他的惩罚，不是班级对他的惩罚；他只会觉得自己的行为让李老师生气了，而不是有愧于全班同学。为此，我改口道："这样吧，你能不能参加今天下午的足球比赛，一会儿由同学们来举手表决，我尊重大家的意见。"他对我的提议表示赞成。

中午，我到班里对同学们说了我的想法，然后说："我们是一个班集体，还是应该让同学们来决定。为了让同学们没有顾虑，请邹冰同学回避一下。"邹冰走出教室，在外面等待结果。我对同学们说："我提议，邹冰违纪，现予以禁赛处罚，请同意的人举手！"

没有一个人举手。

我又说："同意邹冰去参赛的同学举手！"

班上同学全部举手。

当时的情形与我的设想完全相反，我问同学们："大家为什么不同意我惩罚邹冰，反而同意他继续参赛？你们说说理由。"

有的同学说："邹冰已经意识到自己错了，应该给他一个机会。"有的同学说："他今天上午就改正了，上课都没有说话。"还有同学说："今天下午的比赛很重要，就让他戴罪立功嘛！"

虽然我的提议被否决了，但我心里还是十分感动，对他们说："你们继续把手举起来！"教育有时候需要情境、氛围，我决定营造一种情境与氛围。

见我走出教室，邹冰满脸沮丧地问我结果如何，我故意面无表情地说："结果出来了，自己进去看吧！"

邹冰走进教室，看到所有同学都举起了手臂。我说："举手的都是同意你参加比赛的。"

高举的手臂给邹冰带来的不仅是视觉冲击，更是心灵上的震撼，他感受到的不是我对他的原谅，而是同学们对他的宽容，对他的信任。邹冰很感动，说了一句话："我一定要对得起同学们！"这就是集体的力量，就是"用集体舆论代替教师的个人评价"的强大效果。

第四，要维护孩子的尊严。邹冰这样的孩子从小缺的不是批评，不是呵斥，不是辱骂，而是尊严。当他取得明显的进步时，我和班里的同学就会表扬他，选他当班干部，尽力维护他的尊严，给他表现自我的机会。

当时我们班上不止一个邹冰，而是一群"邹冰"，面对这么多后进生怎么办？我有一个举措，就是每周都在班上评选"进步最大的同学"，评选的标准包括上课守纪律、作业按时交、很少打架等等。当选的同学会得到两项奖励：一是报喜单，发给他们的父母，请家长给予物质奖励；二是带他们出去玩，在公园里踢足球、打牌、摔跤等。邹冰多次光荣上榜。

最后，一定要和后进生建立信任。

当年，《中小学管理》杂志的主编沙培宁专门来采访我，中途也与我们班几位同学进行了交谈，并记录下她与邹冰的谈话内容。

邹冰对我说："我最佩服的是李老师不歧视后进生。每次犯错，只要我能承认错误，他都会原谅我，并给我改正的机会。现在我觉得跟李老师说心里话最保险，因为家长不理解我，就知道问我的成绩，而李老师不仅关心我的学习，还关心其他方面。他总是对我说：'做人第一，学习第二。'我要对得起李老师。他还特别喜欢带我们出去玩，和我们一起摔跤，打成一团。"

"他是不是像你们的朋友？"我插了一句。

"嗯，是好朋友。"他把"好"字咬得很重。

"跟李老师说心里话最保险"，这句话令我万分感动。对于一个教育者而言，当孩子愿意和你说悄悄话时，你的教育就走向成功了。

初三毕业前，邹冰写了一篇作文。他的梦想是当飞行员，在那篇作文中，他幻想十年后的自己回到母校的情形——

2010年9月10日，我驾驶飞机来到石室中学。我在办公室找到了李老师、徐老师、熊老师和赖老师，他们都认不出我了。"是邹冰！"还是李老师最先认出我。

和老师们闲聊了一会儿，我突然想起还没见到方老师。

李老师说方老师正在上课，于是我跑到教室外面去等她。下课了，方老师出来了，她虽然已人到中年，但依旧很漂亮。

我向她问好："方老师好！"她没认出我："你是……"我说："方老师，我是邹冰啊！当年上数学课把您气得胃痛的邹冰啊！""哦，是邹冰呀！"她笑起来。我说："我今天是特意来向您赔礼道歉的！我还要接您和其他老师一起去玩呢！反正今天是教师节，你们下午不上课。"于是，我就驾驶飞机载着老师们在空中转了好大一圈，玩得非常高兴。

最后，我送了一套西服给李老师，送了一条高级领带给赖老师，给其他几位女老师各送了一套漂亮的时装。老师们都很惊讶，想不到当初那么调皮捣蛋的我竟然还会想起他们。

多可爱的邹冰啊！

邹冰初中毕业后继续读高中，我也读博士去了。三年后我学成回来，得知邹冰高考落榜，如今在一所学校补习。而我，也到另一所学校去工作了。邹冰听说我回成都，便给我打电话，说想来我的班上读书。他的原话是："我还想做你的学生！"我提醒他："你清醒一点，我现在教的是高一，你已经读高三了。"他说："那你就和校长说说，让他同意我去你们学校插班读高三嘛！"我回道："可我并不能教你呀！"邹冰接下来说的话，让我感动至今，他说："只要每天能看到李老师，我就满足了！"对教师来说，还有比这句话更高的荣誉吗？

后来我真的找校长说情，让他到我们学校插班读高三了。我还请他来我班上给高一学生讲自己的故事，讲当年班里的事。他说："我们班的故事太多了，我们班太好。"

后来邹冰当兵去了，又通过自考拿到了大学文凭，如今在航空公司做调度员。他说自己现在每天指挥三百架次飞机起降，我说："你了不起啊，虽然没当上飞行员，却比飞行员还厉害！"他问为什么，我说："你指挥飞行员啊！我要你飞就飞，我要你降就降！哈哈！"

见证邹冰十多年来的成长，我不禁想起马克斯·范梅南的话，教育学就是"迷恋他人成长的学问"。由于迷恋无数个"邹冰"的成长，我感受到了教育的幸福。

今天，我把邹冰请来了，崔涛、安超和王露霖也来了。我想告诉他们，是他们成就了我。如果没有他们，我今天的报告想必非常枯燥、乏味；如果那时候邹冰、安超不经常犯错，今天就没有这么多精彩的故事了，那我还怎么做报告？（听众大笑）这当然是调侃，但说句心里话，正是你们使我学会研究教育、钻研教育，积累了教育的智慧。所以说，每个优秀的教师都是学生培养出来的，教师的幸福归根结底都是学生给的，谢谢你们！

我曾经在一篇文章中表达过我对所有学生的期待：

如果他们是科学家，他们会像邓稼先、袁隆平一样为中华民族的强盛竭尽才华；如果他们是文学家，他们会以中国人民的幸福和苦难为创作源泉，写出反映我们这个时代的真实的史诗；如果他们是国家公务员，他们会时刻牵挂民间疾苦，把每一位劳动者都当作自己的亲人；如果他们是普通的服务员，他们会以真诚而周到的服务，让每一位顾客如沐春风……

更重要的是，我希望从我身边走出去的每个学生都是独一无二的、最好的自己。关键不在于做什么，而在于要成为最好的——也许不是最美丽的，但可以是最可爱的；也许不是最聪明的，但可以是最勤奋的；也许不是最富有的，但可以是最充实的；也许不是最顺利的，但可以是最乐观的……也许不能名垂青史，但可以成为同行业中千千万万的普通人里最好的那一个！

我心目中最优秀的学生是什么样？他们健壮，他们善良，他们正直，他们勤劳，他们睿智，他们若是大树就顶天立地，是小草也茁壮成长。

我希望他们将来的每一步都很清晰，每一天都很充实，做每一份工作都兢兢业业，每一笔收入都干干净净。每天晚上都睡得踏实，每天清晨醒来都充满期待，乐观地迎接每一轮朝阳。他的亲人、朋友、同事以及遇到的所有人，都因他的存在而感到幸福，他自己也因此获得幸福。

我们应该永远铭记苏霍姆林斯基的这句话："远不是你所有的学生都会成为工程师、医生、科学家和艺术家，可是所有的人都要成为父亲和母亲、丈夫和妻子。假如学校按照重要程度提出一项教育任务的话，那么放在首位的是培养人，培养丈夫、妻子、母亲、父亲，而放在第二位的，才是培养未来的工程师或医生。"

此刻我想——且不说安超、邹冰已经很有出息了——我也算是为安超的孩子、邹冰的孩子培养了优秀的父亲，我的教育也是有价值的呀！

2008 年 9 月，我和苏霍姆林斯基的女儿苏霍姆林斯卡娅（以下简称卡娅）在帕夫雷什中学种下一棵树，以纪念苏霍姆林斯基诞辰 90 周年。今天，在苏霍姆林斯基研究专业委员会的年会上，我们学习苏霍姆林斯基的情感教育思想，讨论班级建设，仍然意义非凡。我希望我们的教育永远是苏霍姆林斯基所说的"人的教育"，我希望教育"人学"之树常青！谢谢大家！

成为儿童的
领读者

2017 年 12 月 9 日至 10 日，以"教育的未来——阅读重塑教育生态"为主题的 2017 "教育"论坛在深圳召开。这是我在该论坛上的演讲。

各位嘉宾、各位听众：

大家好！

今天对我来说是一个特殊的日子，如果没有这个日子，我今天不可能站在这里。今天，是我参加高考40周年纪念日。40年前的此时，我正在考场上答题。因为那次高考，我成了1977级大学生，成为一名中学教师，成为一名领读者，今天才有资格站在这里给大家演讲。

我经常问老师和家长两个问题："您有书房吗？您最近读书了吗？"由于时间紧迫，今天我不在这里展开调查，但大家可以想想这两个问题，在心里回答自己。如果你没有读书的习惯，你就没有任何理由要求孩子读书。刚才进场时，我看到屏幕上正播放一部短片，短片里的数据显示，89%的家长认为阅读很重要。那么，我就想问问这些家长："您平时读书吗？"现在教育最大的问题是，不少要求孩子读书的人，比如老师和家长，自己却不读书。

提倡成为儿童的领读者，并不代表我们是为了孩子而阅读。千万不能把阅读当作手段，不能因为要孩子阅读，自己才不得不阅读。对成人来说，阅读本身就是目的，有着独立的价值，这一价值在于使人因灵魂饱满而幸福。

给孩子们读曹文轩的《青铜葵花》时，我和孩子们一起流泪，我说："读这样的书，不能解决吃饭穿衣的问题，但能够让我们的灵魂更加饱满，更加丰盈!"对成人来说，这就是阅读的目的。通过阅读，我们可以尽可能地建构一个人所应具备的精神世界：视野更加开阔，灵魂更加饱满，感知更加敏锐，情感更加丰富……正如培根所说："读史使人明智，读诗使人灵秀，数学使人周密，科学使人深刻，伦理学使人庄重，逻辑修辞之学使人善辩：凡有所学，皆成性格。"

我常说，别看现在博士、硕士"满天飞"，包括我在内的一些博士、硕士，其学问可能还不如民国时期的高中毕业生。这话一点都不夸张。大家都知道沈从文，一代文学大家，却只有小学学历。著名翻译家金克木也只有小学文凭，后来却成了北大教授。语文教育界的泰斗钱梦龙，也只有初中学历。他们为什么成了大学问家？因为爱阅读。

我曾经做过九年校长，作为校长，我要成为老师们的领读者。不少老师现在是不读书的，他们的理由似乎都很合理，"太忙了，没有时间""感觉不到读书的用处""年纪大了，读了也记不住""不知道应该读什么"，等等。我将他们那些不读书的理由一一驳倒，比如"读了也记不住"，我说："谁叫你必须记得住？即便没记住，难道你就白读了吗？我问你，1997 年 8 月 3 日，你中午吃了什么？记不住是吧？那我问近一些的，2007 年 12 月 9 日，你晚上吃了什么？你还是记不住。那我问你，几十年来吃的每一顿饭你都记不住，那你为什么还吃呢？其实，即便记不住自己吃了什么，你也没有白吃，因为每顿饭都化作了你的血肉，让你成长了。阅读也同理，你可能记不住自己读过的书，但那些读物都化作你的思想、你的情感、你的灵魂！"

那么，老师应该读什么书呢？我给老师们推荐四类读物：一是教育报刊，目的是了解同行在思考什么；二是人文书籍，拓展自己的人文视野；三是学生爱读的书，目的是走进学生的心灵，和学生有共同话题，让心灵永远保持青春的状态；四是教育经典，真正的经典简洁易读，千古不朽。

我在学校倡导老师们读书，但并不要求他们写读后感，因为这么做往往会逼着他们抄袭、作假，从网上下载读后感。我是这样做的，到办公室找我谈心的老师，我都会让他们从我的书橱里选一本书去读，读的时候可以圈点、批注。一本书可能被好多老师借去读过，书上会留下不同老师的阅读痕迹。我退休后就把这些书送给学校图书室，再过几十年，武侯实验中学的老师捧着这些书，看到上面的批注兴许会感慨：几十年前，校园里的老师就是这样读书的！这就是一个学校的文化。

两年前，我不做校长了，临走时对老师们说："办公室里的那些书，我本来是想捐给学校图书室的，但这样一来，那些书的使用率不会太高，不如把那些书送给你们。想要书的老师，一会儿到我办公室去选，想要哪本书就拿哪本书，我在书上给你签名。"结果老师们蜂拥而至，在我的办公室里"抢"书，然后捧着大包小包的书找我合影。一个小伙子抱着厚厚一摞书，似乎有些不好意思，说："李校长，我是不是拿得太多了？"我说："你拿得多，我才高兴呢！"

作为班主任，我要成为家长的领读者。我和家长谈阅读的意义，我说："阅读当然不只是为了孩子，但就算是为了给孩子树立榜样，你也应该成为一名阅读者。"家长可以读什么书呢？我建议家长阅读三类书。第一，是有关家庭教育的书，一位家长就是一名教育者，不懂教育怎么行呢？因此应该多读家庭教育方面的书。第二，是与其职业有关的书。家长可能是律师，可能是医生，可能是科技人员，也可能经商……无论从事什么职业，家长都应该不停地阅读职业相关的书，不是为了考试，而是为了不断充实自己。这样的阅读会感染孩子，让孩子没有理由放弃阅读。第三，读孩子喜欢的书，和孩子拥有共同的精神空间。这一点我刚才已经说过了，就不多说了。总之，对孩子来说，最好的领读者就是家长。

亲子阅读必然会带来美好的家庭生活。阅读，让孩子找到精神上的榜样；阅读，让家长和孩子有了共同的语言；阅读，使家庭生活更有品位。家长和孩子一起阅读，就是对孩子最好的陪伴。读《傅雷家书》，你们可以看到傅雷与傅聪之间的心灵交流是多么深入，他们的家庭生活是多么高雅。

苏霍姆林斯基认为家庭的智力气氛对于儿童的发展具有重大的意义，他建议一年级教师在儿童入学之前就召集儿童的家长，并告诉他们："你们的孩子的智慧，取决于你们的智力兴趣，取决于书籍在家庭精神生活中占着怎样的地位。"这句话就像是针对今天的中国家庭而说的，每个家长都要问问自己：我的家里有藏书吗？

作为父亲，我一直是女儿的领读者，自认为在阅读方面是成功的。我前段时间写了一篇文章，提倡培养孩子的阅读习惯，我这样写道："如果毕业后参加工作，孩子依然保持着阅读纸质书的习惯，并且阅读的内容不少都是超越其职业需求的，那么他的精神世界肯定更加富足，他的言谈举止也更加儒雅、得体，他的幸福指数比没有阅读习惯的人肯定要高得多。"

作为教师，我也是学生的领读者。我从教三十多年，历届学生对我的印象都是："李老师喜欢给我们读小说，喜欢带我们出去玩！"今年参加学生组织的班级聚会时，我说："有三个因素，使我的教育生活比其他老师更缤纷多彩，这三个因素是文学、音乐和摄影。"一个学生随即补充道："还有旅游。"

我于1982年3月踏上中学讲台，给学生读的第一本长篇小说是《青春万岁》，利用语文课和午休的时间，整本整本地读，一学期就读完了。三十多年来，我给学生读了很多书，包括《红岩》《烈火金钢》《青春之歌》《钢铁是怎样炼成的》《第二次握手》《悲惨世界》《傅雷家书》《我是你爸爸》《草房子》《青铜葵花》等。

我最近一次给学生读小说，是在武侯实验中学给孩子们读《青铜葵花》。当时我说："有人说中国当代小说只有故事没有文学，我基本同意这个判断，但我要加一个例外：曹文轩。"我这么说，并不是因为曹文轩老师现在正坐在下面听我演讲，我要拍他的马屁，不是的。当时刚读完《青铜葵花》，我真的是这样想的，便这么对学生说了。

学生过生日时，我送的礼物通常就是书。一个学生考上大学后，我送给他一套《约翰·克利斯朵夫》。今年在厦门讲学时，我遇到三十多年前教过的一个学生，她还记得我曾经送给她一套《红楼梦》。书，是送给孩子的最好的礼物。

我给历届学生重点推荐过两本书，分别是《爱的教育》和《一碗清汤荞麦面》。一本是意大利的长篇小说，一本是日本的短篇小说，主题都是善良与坚强，都已经成为世界文学的经典作品。这是我对学生进行爱的教育的生动教材，在武侯实验中学当校长的九年时间里，我到每个年级、每个班级去给学生读书，学生特别喜欢我的课。师生共读，营造和谐美好的班级氛围，让整个班级充满了书香气。久而久之，师生成了书友，学生毕业后还给我推荐书籍。

这里，我要讲一个故事。二十多年前，我给学生读《悲惨世界》，读到化名马德兰的冉·阿让成为市长，却得知警察将一位无辜的老头当成了自己，并逮捕入狱。冉·阿让在矛盾中挣扎，为了不连累无辜的人，他最终决定自首，在法庭上承认了自己的身份。当时我对学生说，每个人的内心深处都有两个自我，随时在打架，一个人一定要勇于战胜自己。第二天我去办公室，看见办公桌上有一个纸包。我打开一看，是十元的纸币，总共二十二张，纸包里还有一封信。原来是一个学生偷了班上同学的钱，却在冉·阿让的故事的感化下，决定向我承认错误，希望我代他把那些钱还给同学们。这就是文学的力量。

今年和1987届的毕业生聚会时，我应同学们的要求，带着当年给他们读过的《钢铁是怎样炼成的》，现场重现当年读书的情景，我把他们当成三十年前的那群孩子，给他们朗读保尔·柯察金勇救朱赫来的片段。

阔别多年，阅读成了我和学生共同的温馨记忆。1995届的何翔威同学曾在文章中写道："我想，也许李老师早已忘记了他给我们读过的每一篇文章，而我也记不清李老师在那三年里究竟给我们读过多少文章了，但那些作品所展现的真善美，却悄然塑造了我们的人格。如果有人问我高中三年里最难忘的是什么，我想我会毫不犹豫地回答：'李老师的语文课！'"学生对我的语文课念念不忘，这是我作为语文教师的幸福所在。在美国攻读博士的陈峥同学这样回忆："李老师常常利用课堂时间为我们读一些课外书，其作用正在于培养大家对文学的兴趣，提高大家的文学修养，对人生、对社会有更多的关注，并能有所感悟。对文学的敏感，使得他总能将当代文坛的佳作推荐给我们，比如《文明的碎片》《风过耳》《凤凰琴》等。因此，我们比一般的中学生更加幸运，得到了李老师的阅读指导，我们在精神上获益匪浅。"

陈峥同学谈到了《凤凰琴》，那是刘醒龙的一部中篇小说，我给历届学生都朗读过，同学们听得泪如雨下，共同倾泻着悲伤。我们的教育应该有这样泪流满面的时刻，怦然心动的时刻。可如今,课堂鲜少用于阅读,阅读俨然成了课外活动,实在令人遗憾。

阅读,是我和学生共同的生命历程中的一段温馨记忆。我曾经写过一篇文章,记录了我和学生的阅读生活。我以这篇文章中的片段,结束今天的演讲。

这是最近一节普通的语文课,我给学生朗读了路遥的中篇小说《在困难的日子里》。窗外,银杏树金色的叶子在寒风中顽强地燃烧着自己的生命;室内,我与同学们的心灵正同作者高洁的灵魂一起激荡。彼时,教室里充盈着一种宁静、温馨而崇高的氛围,每个人似乎都能听见其他人心脏跳动的声音。是的,我们胸腔里的热血正伴随主人公马建强、吴亚玲、郑大卫的青春激情而汹涌澎湃……

这是我经历的许多堂语文课中美好又普通的时刻,但正是在这样普通又美好的时刻,我和我的学生感受到了语文课的美——来自激情、思想和青春的魅力!

…………

无论是对我,还是对我的学生来说,这样的语文课都是生命中最美好的时刻。我的学生将来回忆中学时代的语文课时,会觉得那是他们精神的聚会。而在过去、现在和将来的人生旅途中,每一堂这样的语文课对我来说都是心灵的飞翔!

让我们成为儿童的领读者!

谢谢各位!

教育家的翅膀
呼唤自由的天空

2017 年 12 月 23 日，以"激发教育活力"为主题的中国教育三十人论坛第四届年会暨教育创造美好生活高峰论坛在北京举行。这是我在该论坛上的演讲。

各位老师：

大家好！

刚才听了张冬青老师讲日日新学堂的故事，康健老师讲他的明悦学校的故事，以及今天上午一诺老师讲她的一土学校的故事，我和大家一样非常感动，也很感慨，甚至感到几分悲凉。这么美好的学校为什么不能普及？为什么都是民办学校在搞教育创新？为什么公办学校不能进行这样的教育创新呢？当然，中国也不乏富有创新活力的公办学校，比如北京市十一学校。但是，北京市十一学校改革成功有不少特殊原因，和李希贵校长的个人努力也有很大关系，这并不是公办学校的常态。我们需要的是一种机制，这种机制能让所有公办学校都拥有改革创新的常态。所以，我今天演讲的题目《教育家的翅膀呼唤自由的天空》，主要是针对公办学校而言。

大家看一张照片，这是我、朱永新老师和一位女士的合影。这位女士本身是一位杰出的校长，今年却辞去了公办学校的校长职务。她为什么辞职？她要去寻找自己的"诗和远方"吗？今天上午，我在微信上问她为何要辞去公办学校校长的职务，她回复道："为了聚一群志同道合的朋友，为了生活重塑教育，为了未来重构教育，为了孩子重立教育，不计成败得失。今生梦想终须一试，我们终将改变潮水的方向。"这是她的原话，我一字未删。

看了这段话，我很想追问：难道在公办学校就不能"一试"吗？你想让"潮水"向什么方向流动呢？可我没有为难她，我明白她的意思，也理解她只能说到这种程度了。我相信在座各位也是明白的。

让人忧虑的是，像她这样的公办学校校长离职并不是个例，很多地方都出现了公办学校校长离职的现象。我研究过一些校长辞职后的去向，毫无例外都是从重点名校流向民办学校，他们都是名校长啊！当然，不是名校长可能也不敢辞职，辞职后谁要啊？大批优秀的校长离职，背后的原因值得我们思考与研究。一位现已离职的公办学校校长说："首先，在私立学校办学的自主权更大，有更大的发挥空间。其次，公办学校校长的归属感较弱，压力过大。此外，公办学校要面临许多行政检查、考核、接待等，而民办学校没有那么多繁文缛节。"

《国家中长期教育改革和发展规划纲要（2010—2020年）》（以下简称《教育规划纲要》）提出："创造有利条件，鼓励教师和校长在实践中大胆探索，创新教育思想、教育模式和教育方法，形成教学特色和办学风格，造就一批教育家，倡导教育家办学。"其实，在颁布《教育规划纲要》

之前，党和国家已经多次倡议让教育家办学了。

我今天讲三个问题：第一，什么样的人才可以成为教育家；第二，什么样的天空能够涌现教育家；第三，什么样的大地适宜教育家办学。重点谈谈第三点。

先说第一个问题，什么样的人才可以成为教育家？

关于"教育家"的标准或言条件，陶行知曾经写过一篇文章，叫作《第一流的教育家》。他说："敢探未发明的新理，即是创造精神；敢入未开化的边疆，即是开辟精神。创造时，目光要深；开辟时，目光要远。总起来说，创造、开辟都要有胆量。在教育界，有胆量创造的人，即是创造的教育家；有胆量开辟的人，即是开辟的教育家，都是第一流的人物。"按照我的理解，"敢探未发明的新理"是指思想要立足长远；"敢入未开化的边疆"是指行动要放得开。无论是"创造"还是"开辟"，他都必须是一个思想自由、行动也自由的人。

在今天，我认为教育家必须具备四个条件。第一，有超越世俗的高远追求，即心灵舒展，不为世俗名利所累，不会"心为行役"。第二，有富于创见的教育思想，即精神解放，唯真理是从，不迷信任何权威。第三，有"百科全书式"的学养，即视野开阔，只有视野开阔，其思考才能独立而深远。第四，有长期深入一线实践的经验，即行动自如，其行为不受任何人干扰和束缚。一言以蔽之，教育家应该是一个自由的人。

这里有必要解释一下"自由"的含义。其实，这个解释也是多余的，张冬青老师刚才引用孔子的"从心所欲，不逾矩"来说明自由本身不是无序的，我非常赞同。我再引用两段话来说明这一点。马克思说："自由就是从事一切对别人没有害处的活动的权利。"孟德斯鸠说："自由是做法律所许可的一切事情的权利。"你们看，真正的"自由"并非不受任何限制的。

再说第二个问题，什么样的天空能够涌现教育家？

首先我想说的是，任何杰出人才都不是"培养"出来的，而是"生长"出来的。我曾经在文章中指出，"名师"不是别人"打造"出来的，而是教师自己成长起来的。教育家也是如此，根本不是谁"培养"出来的。我这样说，很容易被人误解为狂妄，但我说的不过是事实。你能说陶行知是谁培养出来的吗？蔡元培、晏阳初又是谁培养出来的呢？教育家更多是在持续不断的实践与反思中成长起来的，是自己"生长"出来的。虽然教育家不是"培养"出来的，但教育家的诞生需要良好的社会环境和成长条件。从这个意义上讲，与其通过各种"工程"去"培养"教育家，不如提供适宜教育家成长的空气、土壤、水分和阳光，让他自由飞翔。

其次，要包容教育家的个性。具有创造精神与实践能力的教育者往往都是个性鲜明的人，他们的思想标新立异，他们的表达别出心裁，他们的做法与众不同。如果我们扼杀了教育者的个性，也就扼杀了教育者成长为教育家的可能。

当然，尊重个性并不意味着无视我国教育的指导思想，党和国家的教育方针是我们教育者应该遵循的行动指南，这是毋庸置疑的。但任何宏观的指导都不能取代千千万万一线教育者富有创造性的思考与实践，自由的天空才能出现飞翔的翅膀。

第三个问题，什么样的大地适宜教育家办学？

自由是教育家生长的土壤，我们要允许教育家有自己的一套办学思路，只要他们遵循了国家的教育方针和教育法规，就应当充分保障他们在思想和行动上的自由。在教育理念、培养目标、学校文化、课程设置、教学模式、人事管理、财务支配等方面，都要做到"校长说了算"。然而，现在有多少校长在办学方面能够自己"说了算"呢？

只要赋予学校一点儿办学自主权，学校必然迸发活力。这里讲一个案例，就是我们成都市武侯区的"两自一包"改革。

为破解公办学校缺乏办学活力、教师编制不足、进出渠道不畅、绩效杠杆不灵、经费管理缺乏自主权等问题，2014年，成都市武侯区在新建成的四川大学附属中学西区学校率先探索了"管理自主、教师自聘、经费包干"的"两自一包"办学模式。

"管理自主"，是指教育部门将学校发展规划、教育教学管理、课程设置开发、教师及其他职工聘任、中层干部选聘、学校经费支配等权力还给学校。"教师自聘"，是指学校根据核定的编制、岗位数量和教育教学需要，自主开展教师招聘。招聘按照"公布招聘信息、接受报名、资格审查、笔试面试体检、岗位聘用、签订劳动合同"的流程公开进行，由校长牵头、多部门共同参与、纪检部门全程监督，确保公平公正。"经费包干"，是指学校根据自身发展需求和经费使用相关规定进行预算申请，主管部门参照公办同类学校近三年来生均公用经费和教师人头经费总额实际支出数进行测算，一次性打包划拨学校。学校设施设备、基建维修等项目经费不纳入包干经费。

这一改革取得显著成效，引起了社会各界的高度关注，自2014年实施以来，已在成都市数十所学校推行。北京、重庆、浙江、贵州等省市的教育考察团也相继赶赴成都考察学习。

严格说来，"两自一包"还谈不上是真正意义上的创新，只是恢复了学校管理应该有的样子——学校管理本来就是学校的事嘛！以前统管得太死板，如今学校得到自主权，当然会迸发活力。就像1978年小岗村农民实行"大包干"一样，农民种自己的地能不上心吗？能不丰收吗？

说到学校管理的放权，我在想可否借鉴美国的一些做法？比如兴办中国式"特许学校"。

美国的特许学校是经州政府立法通过，允许学生家长、教师团体、社区组织、教育专业团体或个人开办并管理的学校。这类学校由政府提供教育经费，交给私人经营，除了必须达到双方预设的教育成效之外，不受例行性教育行政法规的限制，为特别许可的学校，所以被称为"特许学校"。简言之，就是政府和办学者商量办一所怎样的学校，商定后由政府给钱，办学者负责管理。

特许学校的特点在于，它与政府之间是一种契约关系，学校必须在契约规定期间达成双方认可的经营目标。特许学校通常以改进学校教学现状为主要目标，因此大多属于教育革新的实验学校。由于具有教育实验性质，特许学校通常拥有较大的自主权，可以自主制定各学科授课时数、教学进度、教师工作准则、教师薪资等。

我期待着中国式"特许学校"的兴起：第一步，由政府考核审定并聘用教育家，钱是政府出的，政府当然有权决定谁来办学；第二步，政府与教育家合作商定办学目标；第三步，政府出资，教育家办学，签订合同；第四步，合同期间，政府不再干预学校事务，让校长自主决定学校的一切事务；第五步，根据相关法律和双方的契约，教育家保证学校的健康运行和发展；第六步，合同期满，政府委托第三方机构对学校办学进行评估。

目前，我国有些学校正在进行一些尝试，已经有"特许学校"的感觉了，不过这样的尝试还是太少了，我希望类似的尝试能够多一些。2013 年 11 月 15 日，新华社颁布的《中共中央关于全面深化改革若干重大问题的决定》曾明确指出："深入推进管办评分离，扩大省级政府教育统筹权和学校办学自主权，完善学校内部治理结构。"所以说，我呼唤的改革在国家政策上是可以找到依据的。

鼓励教育家办学，最重要的是改善校长的人文环境，要给校长更多自由支配的时间。苏霍姆林斯基认为，教师没有自由支配的时间，这对学校而言是真正的威胁。但我要说，校长没有自由支配的时间，这对学校来说就是致命的威胁。的确，现在的教师很多时候并非忙于教学，而是应付各种课外事务。然而，校长可自由支配的时间比教师更少，不信随便找一个校长问问，看他每天有多少时间是真正花在教育上，又有多少精力是消耗在与教育无关的事情上。校长在忙什么呢？一会儿开展综治维稳工作，一会儿指挥学校防汛抗灾，一会儿参与"创卫"活动，还要应对各项检查，组织各种会议，开展各种教育宣传活动。校长苦不堪言，教育家从何诞生？

2012年11月，我和时任俄罗斯奥伦堡国立师范大学教育管理学院院长的瓦·伦达克教授在江阴市会面。她是苏霍姆林斯基的学生，1955年上小学一年级时，和苏霍姆林斯基手牵手走进教室。从帕夫雷什中学毕业后，她考上了师范大学，大学毕业后受苏霍姆林斯基邀请回到帕夫雷什中学，成为苏霍姆林斯基的同事。几十年过去了，如今说起苏霍姆林斯基，伦达克教授依然热泪盈眶。她对我讲了苏霍姆林斯基的许多往事，从她的口中，我了解到苏霍姆林斯基的一天是这样度过的——

早晨七点到七点半，苏霍姆林斯基在校门口迎接每一位学生，也迎接每一位老师，随后便在校园里漫步。八点钟，苏霍姆林斯基回到办公室检查全校学生的作业。检查完作业，他便去上一节或两节课，然后去听课，和老师们交换意见。下午两点到五点，学生放学回家了，校园里非常安静，正是苏霍姆林斯基阅读和写作的时间。五点钟，学生回到学校开展各种活动，苏霍姆林斯基也来到孩子们中间，和他们一起学习、游戏，直到晚上七点。七点到八点，是学校的晚会时间。学生回家后，苏霍姆林斯基从九点开始写作，一直写到凌晨一点。如此周而复始，日复一日，这就是苏霍姆林斯基所度过的普通的每一天。

了解了苏霍姆林斯基每天的工作状态，我们的校长想必都很羡慕吧？正是这样的宁静、这样的纯粹，使得苏霍姆林斯基成为举世闻名的大教育家。如果中国的每一位校长都能拥有这种宁静和纯粹，中国的教育家必然层出不穷，中国教育的天空必然群星璀璨……

教育家的翅膀呼唤自由的天空！

谢谢大家！

人是教育的
最高价值

2018 年 10 月 3 日，纪念苏霍姆林斯基诞辰 100 周年活动在俄罗斯圣彼得堡举行。我应邀前往并发表演讲。

亲爱的苏霍姆林斯基的追随者：

大家好！

此次应邀前来俄罗斯，我随身携带着苏霍姆林斯基的两本著作——《要相信孩子》和《给教师的一百条建议》。我刚参加教育工作时就读了这两本书，书被我读得很破旧，里面密密麻麻地写满了阅读批注，有的地方甚至泪迹斑斑。因为读苏霍姆林斯基的书，我不仅受到启迪，还时常被触动。我的书房里有专门陈列苏霍姆林斯基著作的书柜，可以这样说，我的教育阅读之旅就是从阅读苏霍姆林斯基的著作开始的。（掌声）

20 年前，在纪念苏霍姆林斯基诞辰 80 周年的国际学术研讨会上，我第一次见到卡娅；10 年前，为纪念苏霍姆林斯基诞辰 90 周年，我前往乌克兰出席相关活动，并在苏霍姆林斯基担任校长的帕夫雷什中学和卡娅一起种下一棵树，作为对教育家的永久怀念。

30 多年来，我几乎读遍了苏霍姆林斯基著作的全部中文译本，从他丰富的论述中，我读到一句话——"人是最高价值"。这句话是他对教育的认识，这里的"人"指的是儿童，因此这句话也可以表述为"儿童是教育的最高价值"。

"儿童是教育的最高价值"意味着什么呢？意味着教育要尊重儿童的天性，尊重儿童的尊严，尊重儿童的视角，尊重儿童的需求，尊重儿童的精神世界，尊重儿童的发展潜力，尊重儿童未来的无限可能性……这一切都指向了儿童的幸福。

可现在的儿童幸福吗？他们被作业压弯了腰，坐公交车时都在赶作业。这样的教育不是把人当作最高价值，而是把分数当作最高价值。所以学生在高考结束后才会迫不及待地撕书，为高三终于结束而欢呼。

人被当成了"物"，随之便出现著名的"钱学森之问"，即"为什么我们的学校总是培养不出杰出的科技创新人才"，这句话令无数教育者震撼。后来有学者建议将这句话改成"为什么我们的教育总是培养不出杰出的人"，我同意这样的修改，因为只有培养出杰出的人，人才才会源源不断地涌现。

我们还要警惕"互联网+"教育背景下人的失落。近年来许多人指出，在"互联网+"时代，学生坐在家里就可以通过互联网听到最优秀的教师上的最好的课，还可以自由选择上课时间。于是有人便开始质疑传统学校中教师的作用，质疑传统学校存在的必要性。随着人工智能的发展，《重新想象学习——互联社会的学习变革》一书的作者格雷厄姆·布朗-马丁也撰文引导人们思考人工智能对于教育行业未来的影响。他认为，教育人才逐渐流失，对教师的需求却在大规模增加，用机器取代教师似乎是个不错的选择，机器不会闹事，不会生病，不会有压力，不用付工资，上课出题还能保证稳定发挥。

我们不能简单地说这种观点就是错的，但这种观点成立需要一个前提，就是教育只传授知识、培养技能。若是如此，那么通过互联网或机器当然可以学习，不必面对面地跟老师学。但教育的功能仅仅是传授知识、培养技能吗？

什么是教育？陶行知说："真教育是心心相印的活动。"苏霍姆林斯基说："教育——这首先是人学。"雅斯贝尔斯说："教育是人的灵魂的教育，而非理智知识和认识的堆集。"三位大师都将教育的本质指向了人的精神，都认为教育事关灵魂的建设。而事关灵魂，怎么能交给没有灵魂的网络与机器呢？

即使是学科知识的教学，也不可能是纯粹理性而客观的活动。教学，作为以课程内容为中介的师生双方教和学的共同活动，它从属于教育，是学校实现教育目的的重要途径。尽管学科教学是向学生传授系统知识、技能，但也无法抹杀教学过程中应有的人格塑造、心灵感染、智慧启迪等人文色彩。教育承载着"价值"，凝聚着"精神"，体现着"人性"，岂止是冷冰冰的知识？

尊重儿童，意味着教育教学过程要充满童趣。在读《帕夫雷什中学》时，我读到这样一段话："我希望尽可能充分地满足孩子们多种多样的兴趣和企望。换句话说，我希望使孩子们生活和学习得有意思。"我的眼睛停留在"有意思"三个字上，想着"有意思"是什么意思呢？琢磨了很久，我似乎才想明白，所谓"有意思"就是浪漫、好玩，就是妙趣横生、身心愉悦、诗情画意……

于是我理解了，好的教育应该是既有意义又有意思的。"有意义"是站在成人的角度说的，指的是我们的责任；"有意思"是站在儿童的角度说的，指的是他们的感受。"有意思"关系着人的情感、情趣、心灵、精神，若没有精神交流和心灵交汇，教育也不复存在。在教育实践中，教育者和被教育者的关系不是人与物的关系，而是人与人的关系，教育者和被教育者必须融为一个整体。

尊重儿童的价值，将人视作教育的最高价值，就必须让学校和教室成为吸引孩子的地方。我刚参加工作时，带着学生在田野上开心地玩闹，在河滩上激烈地斗鸡，在岷江欢快地戏水，在原始森林里大声歌唱，在风雪弥漫的峨眉山巅留下我们的足迹……博士毕业后，我重返校园当班主任，依旧带着学生踏青、捉迷藏，把语文课搬到油菜花田里。

教育就是要有这样浪漫的氛围，教育者就是要有这样浪漫的情怀。青山绿水，欢歌笑语，这才是完整的教育。从教几十年来，我都是这样做的。在退休前给学生上最后一课时，我说过这样几句话："对于社会进步而言，教育当然有着重大的意义。但对于教师和学生这一个个生命而言，教育就是浪漫，就是温馨，就是情趣，就是诗情画意。每一个教师都应该是教育童话的创作者。"

儿童是教育的最高价值，我们的教育应该帮助每一个孩子成为最幸福的自己。所以我认为，只要教育的目光始终投向人的心灵，那么作为教师，我们就永远不必担心被科技淘汰，而我们的教育必将永远处于时代的前沿。

谢谢大家！

职称：一线教师的尊严、光荣与梦想

2018 年 12 月 2 日至 3 日，中国教育三十人论坛第五届年会暨重构教育评价体系高峰论坛在北京举行。这是我在该论坛上的演讲。

各位老师：

大家好！

我是演讲者中唯一一个来自基层的教育者，我的观点也很肤浅，但每年我都会参加中国教育三十人论坛的年会，因为对我来说，这是一年中需要穿西装的唯一的日子。（众笑）

我今天演讲的题目是《教师评价与职称改革》，我的观点依然谈不上独到、深刻，不过是发布一个调查结果。这次年会的主题是"重构教育评价体系"，我想，教育评价自然应该包括教师评价。教师评价当然不仅限职称，但职称无疑是对教师的重要评价。

职称，是无数一线教师一生的光荣与梦想。之所以说是"光荣"，是因为职称是教师专业技能的标志，也是其职业尊严的象征；之所以说是"梦想"，是因为许多老师终其一生都在为评选高级职称而奋斗，不少人临近退休都没有实现自己的"职称梦"。我想，就在此刻，我们在这里谈论教育评价时，远方还有许多老师正在忙碌地准备着申报职称所需的各项材料。

虽然我说职称是一线教师的光荣与梦想，但对不少老师来说，可能一辈子只剩下"梦想"，并没有"光荣"。为了这个"梦想"，老师们付出了太多。我看过一则报道，一位老师为了申报高级教师职称准备了好几年，他获得过优质课二等奖，获评省级竞赛优秀辅导员、市级优秀教师、市级优秀班主任等称号，但还是未达到申报条件，原因是缺乏课题研究成果。而课题研究要先向学校申报，由学校报到区教研室，经区教研室批准再开始。据该老师反映，课题申报的工作量极大，一个人根本无法完成，即便和其他同事分担任务，也需要好几个月才能完成课题材料的准备工作。

在申报职称的过程中屡屡受挫，因评定不公而逐渐生出绝望之感，这样的老师绝非一例，而是千千万万。

我任教的成都市武侯实验中学里有一位老师，她无论是教语文还是当班主任都非常优秀，得到了同事的一致认可，也深受学生与家长的喜爱。然而在申报市里的某个奖项时，她却榜上无名，原因在于缺少一个证书，无法获得加分。她已经工作 15 年，至今还只是一级教师。

这种情况恐怕并不少见，一个老师，无论在同事、领导、学生乃至家长看来多么优秀，不具备"客观公正"的"硬性条件"，他都算不上"优秀"。这些"硬性条件"是什么呢？其实就是各级荣誉称号、各类获奖证书，包括发表的文章，等等。如果两位候选人旗鼓相当，竞争到最后，多出的一面"班级卫生流动红旗"都能成为"压死"对手的"最后一根稻草"。

我并非反对看证书之类的"硬性条件"，而是认为应该先看他人的评价——学生、家长、同事对教师的评价，再看各种证书。

我校还有一位教龄满 25 年的一级教师，她也非常优秀，课上得好，班带得好，教学成绩也很突出，可就是评不上高级教师。好在她心态不错，在一次演讲中，她说："我并不领先，但我在行进；我并不优秀，但我很幸福!"

我们不可能要求所有教师都像我校这两位老师一样，面对职称评定始终保持着超然淡泊的心态。何况，老师们为职称而努力是理所当然的，为职称而焦虑也是可以理解的。

建立中小学教师职称制度的初衷是什么？2015 年，我国人力资源社会保障部、教育部发布的《关于深化中小学教师职称制度改革的指导意见》是这样说的："建立与事业单位聘用制度和岗位管理制度相衔接、符合教师职业特点、统一的中小学教师职称（职务）制度，充分调动广大中小学教师的积极性，为中小学聘用教师提供基础和依据，为全面实施素质教育提供制度保障和人才支持。"

大家看，"充分调动广大中小学教师的积极性"，这良好的初衷达到了吗？

我的朋友王开东曾经在文章中写道："无论是职评顺风顺水的老师，还是遭遇滑铁卢的老师，大家无不对职评深恶痛绝。""深恶痛绝"或许言过其实，但相当多的中小学教师对现行职称制度不满意，这是事实。

究竟有多不满意？不能仅凭感觉，得用数据说话。因此，我以自己的微信公众号"镇西茶馆"为平台，在全国中小学教师中展开了以职称改革意愿为主题的调查。调查时间为2018 年 11 月 15 日至 22 日，为期一周。

参与此次调查的教师共 38694 人，覆盖全国 31 个省（自治区、直辖市）。其中来自直辖市的教师占比 3.6%，省会城市和一线城市的教师占比 8.4%，二线城市的教师占比30.5%，乡村教师占比最多，为 57.2%。该数据在较大程度上反映了当前我国基层教师的分布状态，所以这个调查结果是具有代表性的。

此外，中小学教师占调查总人数的大部分，其中小学教师占比 40.5%，初中教师占比 38.4%，高中教师占比17.0%，幼儿园教师和职业中学教师分别占比 1.5%、2.4%。由此可见，小学教师、初中教师和高中教师更加重视国家职称评定。

需要说明的是，参与此次调查的教师大多来自公办学校，占比 96.4%，而民办学校的教师仅占 3.0%。所以调查结果反映的大多是公办学校的教师的意愿，不过民办学校在职称评定上面临的问题也和公办学校差不多。

下面，我就此次调查结果进行一个简单的述评。

第一，公办中小学教师晋升高级职称难度大。

我在这里强调"公办中小学教师"，是因为前文说过，参与此次调查的教师主要来自公办学校，而不是说民办学校的教师晋升高级教师就容易。这一点是需要说明的。

调查数据显示，教龄满 10 年及以上的教师占调查总人数的 80.5%。这些教师工作年限长、经验丰富，可大多仍是一级教师（51.4%）和二级教师（34.9%），拥有高级职称的教师占比 10.4%，正高级教师仅占总人数的 0.1%。调查结果还显示，极少数教师没有参加任何职称评定。

第二，教师对国家现行教师各职称等级评聘的标准并不完全了解。

面对"您是否了解国家现行教师职称等级及评定条件"的调查题，表示"非常熟悉"的教师不到总人数的三分之一，而表示"了解一些"的教师占总人数的 51.5%，另有 17.4%的教师表示"比较模糊"。其实，国家关于教师职称评定的政策是相当清晰的，不少老师对此认知模糊，或许是因为基层学校对职称评定政策的宣传不够充分，老师们觉得政策不够公开、透明，才对职称评定颇有微词。

第三，绝大多数教师认为现行职称制度不能激发教师的工作积极性，呼吁改革。

面对"您认为现行职称制度能否调动教师的工作积极性"的调查题，仅 3.9%的教师表示肯定，而 79.4%的教师则表示否定，16.6%的教师选择了"不好说"，余下 0.1%的教师没有答题。可见，绝大多数教师不认为现行职称制度能够调动自己的工作积极性。

面对"现行教师职称制度是否需要改革"的调查题，96.9%的教师认为需要改革，2.2%的教师选择了"不好说"，主张"维持现状"的教师仅占 0.7%，余下 0.2%的教师没有答题。可见，职称制度改革是广大教师的普遍诉求。

第四，大多数教师对职称制度改革的期待指向了工资待遇。

面对"您认为以下哪一项更能激发教师的工作积极性"的调查题，在"专业成就、学生成长、职称职务、竞赛获奖、工资收入、绩效奖励"等诸多选项中，57.0%的教师选择了"工资收入"，18.1%的教师选择了"绩效奖励"，合计占据总人数的75.1%。这说明教师普遍认为，提高工资收入和绩效奖励能够激发教师工作的积极性。由此可见，教师的价值感不仅源自专业成就、学生成长，更重要的是一份与自身劳动匹配的工资待遇。收入普遍较低是教师主动性、积极性不高的主要原因。

第五，绝大多数教师希望取消职称制度。

关于中小学教师职称制度，明确赞成取消该制度的教师占总人数的77.4%，反对取消该制度的教师占7.0%，15.5%的教师选择了"不好说"，另有0.1%的教师未答题。

第六，对于职称制度改革，大多数教师倾向于将教龄作为评判标准。

主张教龄满足规定年限自然晋升的教师占总人数的69.9%，主张凭借教育教学业绩晋升的教师占16.4%，主张参考工作量确定职称等级的教师占11.3%，主张按照学历确定职称等级的教师占1.3%，另有1.1%的教师未答题。

将上述第五项、第六项调查结果联系起来看，则不难发现，大多数教师认为，如果不能取消职称制度，那么不如以教龄为标准评定职称等级。因为评判教师的工作优劣很难有一个公正、客观、准确的标准，评审过程中甚至不乏暗箱操作，所以教师大多认为，要么取消不公平的评聘制度，要么依照年龄来"论资排辈"，这样至少可以避免出现黑幕。

从参与调查的教师的留言中，我们可以看到大多数老师赞成取消职称制度的理由：

1. 名额有限制。

老师们认为，"僧多粥少"是职称评定过程中矛盾产生的根源之一。各个学校的名额配置不同，有的学校由于中老年教师人数多，青年教师只能"排队"等候，一位老教师退休便会空出一个名额。即使学校有相应名额，但可分配的名额有限，众教师也需要去挤"独木桥"。而稀缺的"职称资源"也是滋生腐败的温床。

2. 考核不公平。

由于名额少，竞争激烈，职称考核时便暗含了一条规则——论资排辈，而"资历"和"辈分"则取决于教师职务的高低。因此，"领导优先，一线靠边"成了很多学校申报职称时的默认模式。此外，申报条件中还包括担任班主任、开课上课、支教等工作经历，于是有些老师为了评职称便去当班主任、上公开课、支教，让教育变了味。更有甚者，为了利益挤对同事、取悦领导，让学校成为钩心斗角的场所。科研成果造假盛行，高级职称成了某些老师身上的"皇帝的新衣"。

3. 考评太苛刻。

职称评定将教师分成了三六九等，为了拉开教师之间的差距，相关部门便制定出更多细则。尽管老师们认为职称评定制度存在诸多不合理之处，但为了考评这些标准，他们也不得不戴上更多枷锁，教师专业发展的多样性因此受到限制。即使符合这些标准，教师在职称评定过程中也需要准备各种资料，费时又费力。

4. 一评定终身。

让很多老师无法接受的一点是，获评高级职称的教师从此便如同进入职业"保险箱"，提前过上了退休生活，青年教师不得不挑起重担。于是，某些学校便出现了这样的怪现象：高级教师不在一线教学，一线教师难以评上高级职称；职称高的教师干活少、拿钱多，职称低的教师干活多、拿钱少。

也有老师不赞同取消职称制度，认为改革比取消更重要。他们的理由和改革建议如下：

1. 有竞争才有激励，职称制度在一定程度上体现了"技高者多得"，起到了激励的作用。如果取消这样的评价机制，优秀的人无法获得与其能力相称的尊严与收入，所得与庸碌之辈无异，这将带来更大的不公。

2. 教师的成长也需要评价，职称正是教师得到肯定性评价的重要标志之一。

3. 对改革职称制度的建议：

（1）按需配置名额：教师符合标准就能获评相应的职称，不让有限的指标诱发教师之间的矛盾；

（2）精简评选标准，让评价标准回到教育教学本身，重视教育教学质量的提高；

（3）参考公务员职务晋升的多元化途径，或者使职称与工资脱钩，仅作为肯定教师专业技能的荣誉称号；

（4）对教师采取阶段性业绩的考核，降低职称对工资的影响，根据教龄增加津贴，提高基本工资。

以上是广大中小学教师对当前我国教师职称制度的看法。那么，其他国家有没有职称制度？它们如何激励中小学教师？让我们把视野投向国外。

我通过国外的朋友和学生了解了相关信息，也查阅了许多资料，这里简单介绍美国、英国、德国、丹麦等国家的情况。

在美国，中小学教师的工资水平取决于以下因素：一是学历，本科学历是对教师的最低要求，研究生和博士生的工资水平相对较高；二是教学年限，教龄越长，工资越高；三是教学成果，教学越有成效，工资越高；四是教学工作量，教授的科目（含课外活动）越多，工资越高；五是市场需求，对于师资紧缺的学科，私立学校聘请教师时会提供更高的工资。

英国的中小学教师是需要评定职称的，其职称等级分为主任教师、副主任、高级教师、四级教师、三级教师、二级教师和一级教师。在英国，教师工资是依据职称等级来划分的，职称可以说是决定教师工资的极其重要的因素。

英国还设立了教师证书等级制，一个合格的教师必须具有政府认证的学位和证书。一般来说，学位越高，证书的等级也越高；教师证书的等级不同，基本薪资和津贴标准也不相同。另外，英国中小学还实行职务津贴制，按照教师的职称来确定津贴，在规模较大的中小学校，近半数教师可享受这种津贴。

德国没有中小学教师职称制度，但教师的从业要求十分严格。在各种职业中，只有教师、医生、律师必须通过国家考试，正式任教的教师通常拥有较高的社会地位。德国的教师属于公务员体系，工资待遇很高，按照相关规定可以享受公务员的待遇，并且其职业资格受法律保护，成为正式教师后不会被随意解雇，没有失业之忧。德国中小学教师的薪资待遇可分为16个级别，每一级对应不同的资历，两三年便可升一级。德国教师属于公职，所有公职人员的工资都是公开、透明的。

我去过丹麦两次，曾向丹麦的教育同行请教这个问题，并获得了一些信息。在丹麦北菲茵市与斯莱特学校校长会面时，我问他："丹麦有职称评定和评优选先之类的事吗？"

他起初没听懂，在我向翻译详细解释"职称评定"和"评优选先"的意思，翻译转述后，他终于明白了，回答说："没有。"

我问："教师之间的工资有差别吗？"

他答道："在丹麦，校长没有权利决定老师的工资，教师工资一般由基本工资和资历工资构成。如果教师所教的年级和科目相同，那么工资就是一样的。12年中，教师工资有三个晋升阶梯，只要没有出现重大失误，教师任教达到一定年限就会自然晋升，工资也会随之增长，所以我没有压力。"

我又问："丹麦教师的平均工资在社会上处于什么水平？"

他回答："处于中等吧，比医生、警察高，社会地位也不错，我们老师都为自己的职业感到骄傲。当然，我们是民主国家，媒体上什么声音都有，也常常批评我们公立学校的老师，这很正常。但总体上讲，我们还是很受尊重的。我们这个职业很有安全感，保障体系也很完整。"

我不由得追问："既然老师们的工资都一样，也没有额外的奖励，那怎么激励他们呢？"

他愣了一下，想了想，郑重地说："我们作为教育者，又是公立学校的教师，的确特别自豪。因为我们的工作，是把一代又一代的孩子塑造成民主社会的合格公民。学生在毕业的时候，已经成长为丹麦的公民，这就是我和我校老师觉得最有意义的事情，也是对我们教师最大的激励！因为培养公民，就是一个教育者最大的自豪！"

听了他的话，我真是热血沸腾，非常感动。也许有的人会想，他是校长，必然是在唱高调。但我和该校一位数学教师聊天时，她也很自然地表达了同样的自豪感。

我问她："您认为在教学过程中，教师最重要的品质是什么？"

她说："温暖和爱。不要让孩子感觉老师对自己失望了，而要让他们感受到老师的鼓励，这种充满温暖和爱的鼓励对孩子来说特别重要。"

正说着，一个女孩子从我们身旁走过，看模样是来自中东地区的学生。她便顺势举例说："有的孩子是从其他地方移民或者作为难民过来的，比如刚才经过的那个孩子，她来自叙利亚，已经在丹麦生活了两年半。当初她的数学成绩和别人相差太大，为了帮助这个女孩提高数学成绩，我花了许多时间和精力，如今她的数学成绩已经和其他学生一样好，我真的特别高兴。"

我问："您耗费时间与精力给这些学生辅导功课，学校会给您额外酬劳吗？"

"没有。成绩提高之后，学生脸上的笑容对我来说就是最大的报酬，"她一边说，一边用双手比画着笑脸，"孩子们刚入学的时候成绩不好，没有自信心，可是离开我的时候，他们的成绩都提高了，我感到很欣慰。一代又一代学生离开学校，不管从事什么职业，只要他们面对社会挑战时充满自信，作为公民能为国家和社会效力，然后笑容满面地回来看我，甚至带着他们的孩子，这就是对我的最大奖赏。我希望自己能够看到更多这样的笑容。"

随行担任翻译的丽萨女士闻言不禁潸然泪下，一边擦着眼泪一边翻译。

我忍不住对这位数学老师说："您很伟大！"

她说："谢谢！我是一个用心做教师的人。"

我忽然想到了自己退休前，应学生请求给他们上的最后一节课，来听课的也是"一代又一代学生"，以及他们的孩子和父母。于是，我情不自禁地说："我也是。"

其实，无论国家或时代有什么不同，教育的爱都是相同的。只是，教育行政部门一定要用制度来保护老师们对学生的爱心。

因此，我明确反对取消中小学教师职称制度，因为职称也是教师价值与尊严的标志。但我也认为应当进一步完善当前的教师职称制度，参考其他国家的做法和参与此次调查的广大一线教师的意见，我提出以下改革建议：

第一，增强教师考核与评价的科学性、公正性和权威性。职称只是最终结果，而考核与评价是否科学、公正、权威，则会影响不同等级职称的评定过程。许多老师主张取消职称制度，并不一定是针对职称本身，而是反对不科学、不公正且缺乏权威性的评审。所以，我们要在革新考核与评价方式上下功夫。实际上，我们在这方面已经有不少成功经验了，比如：

1. 多维评价：卢志文先生所在的翔宇教育集团探索出了"五维评价"，即家长满意、学生喜欢、同行佩服、领导称心、自我认同，将单一的评价变为多元评价，相对科学、公正，值得肯定。

2. 模糊评价：评价若过分追求精确，结果反而可能失真；评价若含混一些，可能更接近真实。在这一方面，李希贵所在的北京市十一学校做得比较成功。李希贵校长说："我们必须寻找综合的、多维的、互动的评价方式，而具体实施方式就是人事制度构架中的以双向选择为特点的聘任制度。"他们学校放弃了烦琐的、精确的考核，不搞所谓"精细化管理"，而直接用聘任取代考核。当然，"聘任"不是简单的"校长说了算"，而是一套科学的、成熟的、具有可操作性的系统。到了新学年，如果各部门都争相聘请你，就说明大家对你的评价很高。反之，若不被聘用，你就已经得到了最差的评价。李希贵校长曾直截了当地说："让聘任制度成为评价制度。"

3. 教师参与：我在武侯实验中学建立的学术委员会，便承担了职称评定的工作。我告诉老师们，评职称是一件很专业的事，不能搞"全民投票"。那种让申请者述职，再集体投票决定"花落谁家"的方法是很荒唐的，就像诺贝尔奖不能由全民票选，而只能由专家评选一样。那怎么办呢？我们便成立自己的学术委员会。各个教研组推举一名代表组成委员会，要求是人品好、能力强，委员们则根据一套经全校教师认证的规范程序完成职称评定的工作。委员会主任不由行政干部担任，而由德高望重的教师担任。我曾经担任过委员，和其他委员一样只有一个投票权，后来连委员也不当了，彻底退出学术委员会，让委员会独立运作。我当校长9年，老师们很少因职称问题来找我，不是不愿给我添麻烦，而是觉得找我没用，我又没有那个权力。所以我认为，尽量让老师自己参与职称评定，能够确保职称评定的公正性。

第二，成立权威、公正的评审机构，增加中、高级教师职称的名额，让符合条件的教师都能评上职称，避免"僧多粥少"的问题。

第三，教师评上基础职称进入职称序列后，按照年限考核，只要考核达标，在教育教学上没有出现重大失误或事故，就一律向上晋升。

对于学校来说，最重要、最珍贵的东西是什么？我曾经在一篇文章中写道："比学校特色更重要的，是孩子的快乐与成长；比学校品牌更珍贵的，是教师的尊严与幸福。"是的，教师的尊严与幸福至关重要，千万不要让不公正的评价机制伤了广大教师的心。

所以，我的结论是：让科学而公正的评价制度，成为教师尊严与幸福的重要保障！

谢谢大家！

学生教我
当老师

2019年3月23日至24日，哥伦比亚大学中美教育论坛在美国哥伦比亚大学召开。这是我在以"教师发展"为主题的分论坛上的演讲。

大家好！

感谢哥伦比亚大学给我这么一个机会，让我在此和大家分享我的教育故事与心得。

置身哥伦比亚大学校园，想到那些从这里走出去的了不起的中国人，如陶行知、胡适、马寅初、蒋梦麟、顾维钧、吴文藻、吴健雄、金岳霖、冯友兰、潘光旦等，我就心潮起伏。坐在雅典娜雕像前的台阶上，我仿佛感受到陶行知先生当年在这里留影时留下的体温；走在校园里，我觉得自己随时都可能踩在蒋梦麟先生当年留下的脚印上。

这次中美教育论坛的主题多样，包括 STEAM 教育、创新学校、儿童早期教育、教育投资、教育科技、教师发展。前面许多演讲者已经谈论了 STEAM 教育、创新学校、教育投资、教育科技等宏观话题，我这里只从微观的角度就"教师发展"讲讲我的教育故事与心得。这个微观的角度就是"学生教我当老师"，这也是我今天演讲的题目。

从哪里讲起呢？就从我拉开教育生涯的序幕那一刻说起吧！19 岁的我刚考上师范大学，教育生涯的序幕就是从那时拉开的。如今我已经 60 岁，在这 40 余年里，我身边走出去数以千计的学生；我经历了许许多多曲折而有意思的事情；我出版了近 80 本教育著作，记载了我和学生的许多故事……这些正是我的成长历程。可以说，从 19 岁到 60 岁，我所经历的一切就是"成长"。

我越来越相信，任何一个优秀的教师，其成长都是自我培养与学生培养的有机统一。所谓"自我培养"，意味着成长主体的自觉选择、自我教育和自由发展；所谓"学生培养"，意味着教师要不断地主动向学生学习，从中汲取职业情感、职业动力、职业成就和职业幸福。今天我着重谈后者，因为主动向学生学习，正是"自我培养"的有效途径之一。

"向学生学习"这一观点并不是我的原创，我从未有过原创的教育思想。这一生能够勉力践行先辈教育家的教育思想，我已心满意足、问心无愧了。"向学生学习"这一观点，我是从陶行知先生的书中读到的。陶行知说："民主的教师，必须具有：（一）虚心；（二）宽容；（三）与学生共甘苦；（四）跟民众学习；（五）跟小孩子学习——这听来是很奇怪的，其实先生必须跟小孩子学，他才能了解小孩子的需要，和小孩子共甘苦。并不是说完全跟小孩子学，而是说只有跟小孩子学，才能完成做民主教师的资格。否则即是专制教师。"注意，陶行知在这里明确提出"跟小孩子学习"，而且说"只有跟小孩子学，才能完成做民主教师的资格。否则即是专制教师"。

陶行知还说："人格要互相感化，习惯要互相锻炼。人只晓得先生感化学生，锻炼学生，而不知学生彼此感化锻炼和感化锻炼先生力量之大。先生与青年相处，不知不觉的，精神要年轻几岁，这是先生受学生的感化。学生质疑问难，先生学业片刻不能懈怠，是先生受学生的锻炼。"大家看，"人只晓得先生感化学生，锻炼学生，而不知学生彼此感化锻炼和感化锻炼先生力量之大"，这句话说得多好！

下面我讲三个自己亲身经历的故事，并引出三个观点，来说明我的学生是如何教我当老师的。

第一个故事叫"车站送行"。那是 2000 年的春天，我去陕西师范大学学习，要与学生分开三个月。一群学生把我送到火车站站台，我进入车厢后打开车窗和他们告别，他们透过车窗紧紧地拉着我的手。火车开动了，孩子们跟着启动的火车一起跑，一边跑一边喊着"李老师再见"，一个女孩子跑着跑着就哭了。在我几十年的教育生涯中，这样的故事数不胜数。学生依恋我，我也依恋学生，正如苏联教育家苏霍姆林斯基所说，对孩子的依恋之情是教育修养的主要特征之一。

面对这样依恋我的学生，我不禁思考：我怎么做才能把他们教好呢？我的愿望越来越强烈，决意做一个好老师，于是我阅读，我思考，我尝试，我的教育智慧也与日俱增。学生就是这样"教"我当老师的，虽然他们的"教"是无意识的，但我的确通过他们获得了教育成长的动力。所以我的第一个观点是：对孩子的爱，能够让一个老师变得聪明起来。

第二个故事叫"毕业礼物"。我教的第一个班毕业时，学生都坐在教室里听我讲话，我对他们说："你们是我当老师教的第一批学生，我也是第一次当老师，肯定有许多缺点和不足。毕业之际，我想请大家送我一个礼物，就是每个同学都给我写一封信，信的内容只有一个，就是给我提意见。不要有顾虑，反正你们已经拿到毕业证了。你们的信会帮助我避免再犯同样的错误，让我越来越成熟。如果以后我成了优秀教师，我首先要感谢你们今天给我的这份礼物！"

学生听完便开始写，许多同学都非常诚恳，给我提了许多意见。其中一个女孩写道："李老师，您刚教我们的时候，有一次我犯了错误，您批评我'脸皮厚'，当时这件事令我很伤心。我希望李老师以后批评同学时注意自己的用词。"我非常惭愧，当场在班上念了那封信，向写信的女孩表示歉意。三十年后，那个女孩回来看我，我拿出了她当年给我写的那封信，说："感谢你教我当老师！"我还送了一本自己的书给她，我说："这本书收录了你给我写的那封信，我记下了你对我的帮助。"

从教三十多年，这样的例子数不胜数。我不仅让历届学生给我写信提意见，还让他们评判我的课堂教学，我就是这样在学生的帮助下一步步成长起来的。所以我的第二个观点是：让每一个学生都成为自己的监督者、评价者、批评者、鼓励者。

第三个故事叫"挑战自己"。我教书时带班大多是从初一带到高三，一教就是六年。当年学校希望我教一个最好的班，我却要求教最差的班。和校长"讨价还价"的结果是，我答应教生源最好的班，并兼任班主任；校长也答应让我教生源最差的班，同时兼任班主任。于是，那几年我就同时当两个班的班主任兼语文老师，学生总数为131人。

现在很多老师一走进教室，就会说"××是优等生""××是后进生"。可我当时走进那两个班，根本看不出哪些是"优等生"，哪些是"后进生"，那些孩子都很可爱。当然，学生之间肯定存在学习成绩和行为习惯上的差异，但他们既然被送到我们面前，我们就应该对他们负责！

然而，学生的差距这么大，两个班的学生至少有四个层次——"很好""一般""不好""很差"，要怎么教学呢？这就逼着我们研究如何因材施教，逼着我们探索如何分层教学。举个例子，那时候我和科任老师在充分研究学生的基础上，每节课都要准备四套教案，每天要布置四套不同的作业，每次考试要命制四套不同的试题……目的只有一个，让每个学生都能获得成就感。这不就是教育科研吗？

当然，我的注意力主要是放在十几个成绩尤其差的孩子身上，除了刚才所说根据他们的实际情况教学，我还要捕捉他们的点滴进步，并及时予以表扬和奖励。怎么奖励呢？带他们到公园去玩，请他们吃火锅，等等。其中一个孩子上课时完全听不懂，成绩也不尽如人意。我听说他喜欢读小说，便拿一本《烈火金钢》给他抄。每当上课听不懂时，他就抄《烈火金钢》，包括英语课、数学课。结果其他老师有意见了，问我："你叫他上课抄书，他以后能考上高中吗？"我反问："他不抄书就能考上高中吗？"对方答道："以他这种基础，根本考不上高中的。"我说："那还是不如抄书。"我的目的只有一个，就是让孩子每天在教室里坐着不痛苦，让他在学校的每一天都很快乐，教育的人道主义精神就应该体现在这些地方。

一个又一个教育难题，就是对我们的考验。攻克这些难题，教师自然而然就能增长教育智慧，就能实现专业成长。学生不断地给我们"出难题"，就是在教我们如何当老师。所以我的第三个观点是：把每一个教育难题都当作科研课题，是教师专业成长最有效的途径。

一个优秀的教师应该具备怎样的品质？我想到成都市石室中学的老校长王绍华先生对我的评价，他说："李镇西的成长模式就是'4+1'。"我觉得他说得有道理。所谓"4"，就是"四个不停"：不停地实践，不停地思考，不停地阅读，不停地写作。一个年轻教师，如果能做到这"四个不停"，坚持十年、二十年，想不成功都困难。所谓"1"，指的是一颗教育心。这颗"教育心"，在我的理解中就是"爱心"，即爱教育，爱学生；就是"慧心"，即有智慧，有技巧；就是"大心"，即胸怀宽广，不仅能够包容学生的缺点，还能从容应对成长道路上的所有困难，视名利如浮云。比起学生对我们的爱，以及教育本身带给我们的幸福，个人的荣辱得失，他人的指指点点，算得了什么呢？

从教这么多年来，学生和我一起创造教育的童话，使我坚定了做教育的信念，这不也是"学生教我当老师"吗？其实，成长的过程就是享受的过程，我一直享受教育，虽然也经历过困难，遭遇过挫折，但战胜困难与挫折也使我获得了成就感。

我如今已经出版了七八十本著作，每本书里都写满了我和学生的故事，这些故事让我的教育充满诗意，情趣盎然。我们也许永远都是平凡的人，但这不妨碍我们通过点点滴滴的努力，将琐碎的日子铸成伟大的人生！

想象一下，19岁的李镇西若是遇见了有这么多故事的已经60岁的李镇西，他一定会大吃一惊，问道："这是我吗？"所谓成长，就是用一生的时间去寻找那个令自己惊喜的"我"。

谢谢大家！

演讲结束后，我和现场的另外三位演讲者一起与听众互动。以下是我在互动环节中的答问要点：

1. 一个好教师应该具备怎样的品质？

答：我在国内给老师们做报告时经常说，一个好教师当然应该有爱心。但教师的爱心不是抽象的，应该体现于"三好一会"，即课上得好，班带得好，学生考得好，会转化后进生。关于转化后进生，我想多说几句。教师的爱心是真是假，就看他对后进生的态度；教师是不是真的有教育智慧，也看他对后进生的态度，不要总是拿几个出类拔萃的学生来证明自己的教育能力。如果一个学校总说考上名校的学生是自己"培养"的，那么我想问，没考上名校甚至没考上大学的那么多学生，是不是学校培养的？此外，我演讲时所说的

"四个不停"也是一位好教师应该养成的品质。最后我想说，一位优秀的教师一刻都不应该忘记自己曾经是个孩子。

2. 请给未来的老师提个建议，好吗？

答：年轻人未来如果想当老师就一定要意识到，你不仅是选择了一份职业，还是选择了一个爱好，更是选择了一种价值观。走出这一步后，教育之路的所有艰难困苦都是你自己的选择，克服艰难困苦后的喜悦也是属于你的。我现在越来越不愿意说"坚守教育"了，"坚守"多痛苦啊！咬紧牙关，两腿发颤地硬撑着，我才不干呢！我更愿意"享受教育"。

3. 您对学生的爱是出于您的本性，还是出于一种教育理念或品质？您是如何平衡"爱"和教育的其他因素的？

答：我觉得我对学生的爱是出于天性。人嘛，善良是我们的天性，我们做任何工作都需要爱，而当老师尤其需要爱，因为我们面对的是儿童。不过，从你刚才的问题来看，我感觉你对教育之爱的理解可能有些片面。你说的"其他因素"是不是指"严厉"，你是不是想问我如何平衡好"爱"和"严"？如果是的话，那么我要说，真正的"爱"就包含"严"，或者说，严格要求、严厉批评乃至必要的惩罚都是爱的具体表现。此外，关于教育的爱，我觉得可以分为三个层次。第一是尊重。爱是一种真实的情感，我们和学生初次见面时可能很难产生情感，或者说面对后进生也爱不起来，没关系，我们可以暂时不爱，但必须尊重他们。第二是情感，就是和学生建立真诚的师生情谊，这种情感是教育成功的硬条件。第三是走进学生的心灵。真正的教育必须走进心灵，用陶行知的话来说就是"真教育是心心相印的活动"，一个讲课时隔着讲台和学生会面的人，是不会了解儿童心灵的。

4. 您在教育过程中是怎样缓解压力的？

答：我没有遇到过压力，真的没有。但我遇到过困难，遇到困难就研究它，攻克它。这个过程就是教研、科研，必然带来成长和成功。

5. 您有过教育失败的案例吗？

答：当然有，而且不少，我曾在书中专门写过自己的教育失误。我常常想，"优秀教师"和"非优秀教师"的区别，并不在于是否有教育失误——没有哪个老师敢说自己没有教育失误的，而在于面对教育失误的态度。"优秀教师"会感到后悔、自责，进而自觉反思，并尽量避免犯同样的失误；而"非优秀教师"出现教育失误，却不觉得是失误，反而觉得应该那样做。我年轻时也犯过那样的错误，比如辱骂学生、体罚学生，但我很快就意识到那样做真的不对，并努力改正。可有的老师打骂了学生，还觉得学生就是该打、该骂，这才是可怕的。

6. 您认为怎样才能让教育发挥作用？

答：教育，不是教学生做，而是用自己的言行带领学生去做；不是刻意地教化，而是自然而然地感染学生。我曾经说过，最好的管理莫过于示范，最好的教育莫过于感染。

走近
苏霍姆林斯基

2019 年 11 月 9 日至 10 日，以"中国基础教育改革 70 年的现状与未来"为主题的中国教育明德论坛 2019 年年会暨第十八届全国基础教育学习论坛在北京国家会议中心举行。这是我在该论坛上的演讲。

大家好！我很荣幸受邀在明德论坛发表演讲。今天，我带来一个话题——"走近苏霍姆林斯基"，这个话题一点儿都不新潮。不过，即使大家都知道苏霍姆林斯基，也未必真正了解他。我想做个调查，请在座的局长、校长，读过苏霍姆林斯基著作的举个手。（部分听众举起手）真不错，好，请放下。

苏霍姆林斯基在很多人看来就是一个教育家，人们对苏霍姆林斯基的了解只停留在这个名字上，或是学校墙上贴着的一两句教育名言。我觉得我们应该深入了解这位了不起的教育家，刚好我不久前又去参观了他从前任教的学校，感慨颇深。希望通过我今天的演讲，大家能更加全面、深入地了解苏霍姆林斯基。

苏霍姆林斯基是怎样一个人？有的老师可能会说："不就是一个教育家吗？"不错，是教育家，但可能不是你们想象中的那么一个教育家。我先简单谈一谈他的生平。

苏霍姆林斯基生于 1918 年 9 月 28 日，于 1970 年 9 月 2 日去世，享年 52 岁。我用四个短语来评价他：忠诚的共产党员，英勇的卫国战士，睿智的人民教师，卓越的教育大家。

首先是"忠诚的共产党员"，这个很重要。他的女儿卡娅说："没有十月革命就没有苏霍姆林斯基。"他的家庭很贫苦，是十月革命让他们翻了身。他的父亲曾经是当地农村学校教劳技课的教师，是一个能工巧匠；他的祖母和母亲文化程度不高，但会唱民歌，会讲民间故事。这些都对苏霍姆林斯基产生了影响，所以苏霍姆林斯基很早就受到良好的家庭启蒙教育。

其次是"英勇的卫国战士"，我在这里补充一点大家也许不知道的史实。苏霍姆林斯基17岁从师资短期训练班结业，回到母校教书。没过几年，德国进攻苏联，卫国战争爆发，23岁的苏霍姆林斯基毅然投笔从戎，以政治指导员的身份奔赴反法西斯战场，作战非常英勇。半年后的一场战役中，他身负重伤，体内残留着弹片，一直压迫心脏，没有取出来，这是他英年早逝的原因之一。1942年2月，夜晚的疆场天寒地冻，负伤的苏霍姆林斯基不幸昏倒在雪地里，一位同样受伤的女战士发现他气息尚存，便扒开压在他身上的战士尸体，拼死将他送进了最近的救护队。这个女战士不简单，她不知道自己拯救了一位未来的世界级教育家。苏霍姆林斯基的右臂伤势严重，医生建议截肢，他却以将来还要教书为由拒绝了。后来，他的右胳膊虽然保住了，却比战前短了六厘米。苏霍姆林斯基在前线作战时，他的新婚妻子薇拉也在后方参与反法西斯宣传，却不幸被法西斯分子抓住。薇拉当时已经怀孕，在刑讯室里生下了苏霍姆林斯基的孩子。下面这个细节，我非常不忍心讲……德国纳粹把初生婴儿的头砸向石墙，婴儿当场毙命。苏霍姆林斯基的妻子薇拉宁死不屈，被剜去双眼绞死了。所以我说，苏霍姆林斯基是英勇的卫国战士，是忠诚的爱国者。

病愈之后，他的身体不允许他重返战场，他就留在当地教书。战争快结束的时候，他回到了家乡，在当地当了四年教育局局长，随后坚决要求回学校工作，便辞去局长职务，来到帕夫雷什中学做校长，那是1948年。他在这所农村学校一干就是22年，直到他生命的最后一刻。

至于"睿智的人民教师"和"卓越的教育大家"，我就不多说了，相信大家都能理解。

但我还是想强调一下，为什么说苏霍姆林斯基是教育家？

第一，他有实践。他的"实践"是和孩子同甘共苦，心心相印，息息相通。他每天坚持亲自上课，坚持在一线研究学生。苏联的学制原先是十年制，后来改成十一年制，包括小学、初中和高中。他能够教一年级到十年级所有学生的课，哦，不对，除了制图课。为了上好课，他通读并自学了一年级到十年级所有学科的教材，把所有习题都做了，还做了补充习题。帕夫雷什中学有他的博物馆，展出他的卧室、他的办公室、他的厨房，我都去看过的。他留下了一堆堆工作笔记，笔记本里记录了很多"难教儿童"的成长经历，让我非常感动。

第二，他有思想。苏霍姆林斯基著作等身，在教育生涯中创作了40余本教育专著，600余篇教育论文，1200多篇短篇小说、故事、童话。他的著作被誉为"活的教育学""教育的百科全书"。刚才在座的不少局长和校长都举手，表示读过他的书。我们也读过其他教育理论家的书，对比之后就会发现，那些教育家的阐述非常冷静、客观、准确、科学，却缺乏感情，而苏霍姆林斯基的著作不是这样。他的教育科研，不是冷静的研究，而是充满感情的投入，是全身心的实践。他坚持写教育日记，他的文字可读性强，富有文学魅力，并且充满浓浓的人情味。

他身为校长，始终兼任语文教师，不断研究语文课程的教学问题。他曾尝试开办六岁儿童的预备班，从一年级开始担任该班班主任，一直持续到十年级。在这十年内，他观察并研究学生在童年、少年和青年期的各种表现，能指名道姓地说出178名"最难教育"学生的曲折成长过程。请问，世界上还有没有第二个这样的教育家？至少在我的视野内是没有的，所以他的理论不是空想、空谈出来的，一切都源于他亲力亲为的实践。

苏霍姆林斯基为什么会早逝？现在看来，他去世时还很年轻，才52岁啊！去年（2018年）是他的百年诞辰，世界各地都举办了纪念活动。

他早逝的原因有三：一是少年时遭遇乌克兰大饥荒，他的身体发育受到影响，体弱多病；二是年轻时身负重伤，压迫心脏的弹片始终没有取出来；三是他主张教育的人性化，并公开批评马卡连柯的集体主义教育理论，遭到苏联理论界围剿，精神上受到极大打击。最后这一点，即便翻阅目前公开出版的苏霍姆林斯基的所有著作也看不到，我是从他的女儿卡娅那里得知的，此外还看过一些史料，所以我多说几句。

1998年11月，我与卡娅在北京第一次会面，我问她："您认为您父亲对教育的最大贡献是什么？"她不假思索地说："正是我父亲，第一个把'人性'引入了苏维埃教育！"

我认为，这是苏霍姆林斯基对社会主义教育最杰出的贡献。现在的教育讲人性，讲"以人为本"，讲"一切为了孩子，为了孩子的一切"。但在当年的苏联，讲"人性"是离经叛道的，所以，苏霍姆林斯基那种独立思考、捍卫真理、决不妥协的精神，才令我特别感动。读他的书，我不仅读到了他的爱心、他的智慧，还读到了他作为知识分子的气节与风骨！

如今看来，苏霍姆林斯基的很多观点都是极为超前的，比如关于人性的教育，关于创造能力的培养，关于职业技术教育，关于研究性学习，等等。他在《给教师的建议》一书中就曾提出"研究性学习"的概念，我是在20世纪80年代第一次读他的著作时才知道的。苏霍姆林斯基忠于真理，他的观点向来鲜明，既不"唯上"也不"唯书"，更不会见风使舵。

我举两个例子。一个例子是，他在实际工作中曾深感研究儿童是教育与教学工作的基本，并因此公开指出苏联对儿童学的批判矫枉过正，是"把孩子和洗澡水一起泼掉了"。这么做的原因，并非他有多么深厚的理论素养，而是常识告诉他，教育的对象是儿童。不研究儿童，甚而批判儿童学，这不是很荒唐吗？

另一个例子是，1955 年之前的一段时间，苏联普通学校完全取消了劳动课，而苏霍姆林斯基认为劳动教育是实现全面发展思想的重要因素。他眼见越来越多的中学生毕业后无法升入高等学校，便坚持进行劳动教育，让学生重视劳动技能，适应就业的需要，并不间断地为毕业生授予职业证书。但当赫鲁晓夫在 1958 年大搞生产教学，生产劳动占用了学生太多的学习时间时，他又第一个出来反对这种过度的做法。

在苏霍姆林斯基的眼里，没有什么是不可置疑的，包括他特别尊敬的马卡连柯。著名教育家马卡连柯也是乌克兰人，同苏霍姆林斯基是校友，当然两人相差了几十岁。苏霍姆林斯基极其尊崇马卡连柯，多次在自己的著作中将马卡连柯称为"我的导师"，但他并不盲从，而是以实事求是的科学态度，质疑马卡连柯的某些教育思想和观点。

苏霍姆林斯基认为，集体并不是目的，"如果把集体作为目的，那么教育一开始就是残缺的教育，教育者就只会关注集体，关注其组织结构及内部的领导和服从的关系，即关注积极分子的培养，关注怎么善于领导，怎么教会服从"。此时，教育者就可能对活生生的学生及其精神需求视而不见，就会忘记真正的教育真谛："教育的目的是人，是全面发展的个性。"

因此，当时部分苏联人称赞他有一种实事求是、敢于逆流而上的精神。他就是这样始终脚踏实地，立足于实践，真正面对学生需求、根据实际情况提出自己的观点，而不是

"唯上""唯书"是从。他特立独行，只忠于自己的心灵，忠于自己的生活，忠于自己每天面对的每个孩子。除此之外，他不迷信，更不臣服于任何"权威"，他做的是"真教育"。

但苏霍姆林斯基也因此遭到批判。其实，他也曾获得过荣誉，如果按照别人期待的那样顺从，按领导的要求发言或写文章，他一样能风光，并且一直风光下去。但苏霍姆林斯基坚持发出内心的声音，宁可失去世俗的种种名利，也不放弃真理。

他的女儿告诉我，20 世纪 60 年代上层领导曾要求他去莫斯科工作，他坚决不去，执意留在自己的学校。他的第一本重要著作是《把整个心灵献给孩子》，很多老师读完都非常感动。我昨天在河南，一位局长还跟我说，他们号召全县教师读苏霍姆林斯基的著作《把整个心灵献给孩子》。我说："太好了，但你知道这本书是怎么出版的吗？这是苏霍姆林斯基出版的第一本重要著作。"上个月我去乌克兰拜访卡娅时，还向她求证这本书是不是苏霍姆林斯基出版的第一本著作，得到了她的确认，苏霍姆林斯基在这本书出版后一年就去世了。然而，这本讲人性、讲个性、讲自然教育的书当时却被禁止出版。那这本书又是怎么出版的呢？是通过特殊渠道在前东德出版的。正因如此，苏霍姆林斯基差点被开除党籍。他逝世之后，人们逐渐认识到他的教育思想的价值，这本书最终成为世界教育名著。

他去世后，葬礼远没有我们想象的那般隆重与荣耀。乌克兰教育界只派了教育科学院的一位秘书参加追悼会，并且授意秘书在发言时不可将苏霍姆林斯基追认为教育家，只能称作"卓越的教师""优秀的父亲"，总之不能将"教育家"的称号授予苏霍姆林斯基。

然而苏霍姆林斯基属于全人类，历史证明了苏霍姆林斯基教育思想的不朽，他那充满人性的教育理论成了全人类的教育遗产。去年，也就是2018年，世界各国都举行了苏霍姆林斯基诞辰100周年的纪念活动。我去了俄罗斯圣彼得堡，出席苏霍姆林斯基百年诞辰活动并发表演说。我第一次参加这样的纪念活动，是1998年在北京参加"纪念苏霍姆林斯基80华诞国际学术研讨会"，与会者包括今天的主持人沙培宁老师。2017年10月，联合国教科文组织确认苏霍姆林斯基为世界文化名人。

苏霍姆林斯基在中国拥有庞大的教师读者群，原因何在？我想了很久，觉得可能有以下几个因素：第一，苏霍姆林斯基的教育思想和中国的主流教育思想，同属共产主义教育思想体系；第二，苏霍姆林斯基的思想不是僵化的，既有人文主义传统，又有个性教育的论述，很打动人；第三，他的表达极具亲和力，平易近人，故事生动，夹叙夹议，又不乏诗意；第四，从他的很多观点中，我们可以读出今天的中国教育，或许这才是最主要的原因。

这里，我想向大家着重介绍苏霍姆林斯基的几个观点。当然，苏霍姆林斯基的教育思想太丰富，今天不可能全部讲到，我就讲几个。

第一，时刻不忘自己曾经是个孩子。

苏霍姆林斯基曾经说过："一个老师意味着什么？首先意味着他是这样的人，他热爱孩子，感到跟孩子交往是一种乐趣，相信每个孩子都能成为一个好人，善于跟他们交朋友，关心孩子的快乐和悲伤，了解孩子的心灵，时刻都不忘记自己也曾是个孩子。"

这段话既深刻又朴素，同时还很感人，尤其是最后一句，"时刻都不忘记自己也曾是个孩子"。我经常问什么是"学生立场"，什么是"儿童视角"，这就是。当老师容易吗？不容易，老师要人格高尚，学识渊博，素养全面，等等。但当老师又很容易，为什么？老师只要思考两个问题：第一，假如我是孩子；第二，假如是我的孩子。经常想想这两点，没有当不好老师的。

我曾经读过一套书叫《育人三部曲》，包含了苏霍姆林斯基的三部著作。第一部是《把整个心灵献给孩子》，写小学教育的；第二部是《公民的诞生》，谈中学教育的；第三部是《给儿子的信》，讲的是青年教育。

我年轻时常读这套书，读到感人之处便标记出来。有一段话特别感人，苏霍姆林斯基说："我总想和孩子们待在一块，跟他们同欢乐共忧患，亲密无间，这种亲昵感乃是教育者创造性劳动中的一大幸福。我曾时时试图参与某个儿童集体的生活：同孩子们一起去劳动或到家乡各地去远足，去参观旅游，帮助他们享受到一些不可多得的欢乐，缺少了这种欢乐就难以想象能有完满的教育。"

请问，作为中国的教育者，我们现在有没有这样的"亲昵感"？孩子们有没有这样"不可多得的欢乐"？我们的校园有没有这样"完满的教育"？所以我说，通过阅读苏霍姆林斯基的书，我们可以看清自身的问题。

在座各位都是局长、校长，请想一想，如果有人问你教育中最重要的是什么，你会怎么回答？我想大家也许会想到"理念""观念""模式""课程开发""世界胸襟""国际眼光"等，而苏霍姆林斯基却认为，"对孩子的依恋之情"才是教育修养中起决定作用的品质。注意，他想到的是"依恋之情"，认为"依恋之情"在教育中起到了决定性作用。

当年，一位波兰学者在参观帕夫雷什中学之后，说他发现了学校里的一个秘密。那就是无论什么时候，只要苏霍姆林斯基出现在校园里，孩子们总会围拢上前，彼时苏霍姆林斯基的脸上就会流露出孩子特有的那种纯真的笑容。这就是校长的本色。

苏霍姆林斯基的《帕夫雷什中学》，我不知读了多少遍，书页都磨损了。有一年，卡娅看到我的书，说那是她见过的她父亲的著作被读得最旧、最破的一本。书中有一段话，无论时间多紧迫，我都要在这里给大家读一读："少年们夏天想进行'水上旅行'——想乘船经过水库驶入大河，然后登上某个'无人烟'的岛子……可是我们没有船，于是我从新学年一开始就攒钱，到了春天，我就从渔民那里买来了两条船，家长们又买了一条船，于是我们的小船队便出航了。"

大家看，校长知道孩子们的心思，他便记在心里了。他开始攒钱，自己攒钱给孩子买了两条船，再加上家长买的那条船，"于是我们的小船队便出航了"。想象一下，在风和日丽的春天，一位校长领着孩子们远航探险，是多么美好、多么浪漫啊！

下面这段话尤其打动我："可能有人会想，作者想借这些事例来炫耀自己特别关心孩子。不对，买船是出于我想给孩子们带来快乐，而孩子们的快乐，对于我就是最大的幸福。"

我太感动，太感动了！苏霍姆林斯基的这几句话给了我力量。什么力量？刚参加工作的那些年，我组织了很多活动，带学生去爬山探险，去河边宿营，因此常受到指责，还受过处分。在我郁闷的时候，我读到了苏霍姆林斯基的这段话，便一下子充满底气。我想，校长不支持我不要紧，苏霍姆林斯基支持我！

读到这儿时，我和作者互相照亮。苏霍姆林斯基把我的心灵照亮了，告诉我："小伙子，你是对的，没有错，要坚持！"我也照亮了苏霍姆林斯基，我为他的这段文字提供了中国版的鲜活的教育案例，用我自己的经历彰显了这段话的真理性。这就是"互相照亮"，而阅读的最高境界，就是读者和作者"互相照亮"。

上次去帕夫雷什中学，我很想找到那条河。离开学校的时候，我透过大巴车的玻璃窗恰好看到了那条河，一股激情油然而生。我相信，你们看到那条宽阔而美丽的大河时，一定会像我一样心潮起伏。

所以，只有当师生融洽无间，能听到彼此的心跳，感受彼此的脉搏时，教育才真正发生。

第二，把读书当作第一精神需要。

苏霍姆林斯基希望我们老师能把阅读当作第一精神需要，但现在可怕的是，教人读书的人往往并不读书。此外，苏霍姆林斯基认为，孩子学习遇到困难时，要做的不是补课，而是增加相关内容的阅读。比如，孩子物理差怎么办？让他大量阅读有关物理的科普书籍，丰富他的知识背景。

第三，教育首先是人学。

这个观点是苏霍姆林斯基教育思想的精髓。

我认为，你如果要向老师们论述苏霍姆林斯基的教育思想，就先讲这句话。这句话也可以说是一把打开苏霍姆林斯基思想宝库的钥匙。

在苏霍姆林斯基生活的年代，苏联正盛行"科技时代""数学时代""电子世纪""核子世纪"等说法，而苏霍姆林斯基则提出当今首先是"人的时代""人的世纪"。他进而预言，21 世纪将是全面发展人的个性的世纪。多么有远见啊！现今，人们大张旗鼓地表示人类已经进入"互联网时代""人工智能时代"了，不对，当今时代的本质还是"人的时代"。

对于"教育——这首先是人学"这句话，苏霍姆林斯基进行了简短的说明："不了解孩子——不了解他的智力发展，他的思想、兴趣、爱好、才能、禀赋、倾向，就谈不上教育。"苏霍姆林斯基的"人学"包含着他的一个重要判断：人是教育的最高价值。苏霍姆林斯基的教育理想是，让从他身边走出去的每一个人都拥有终身幸福的精神生活。在这里，"人"不是抽象的，而是具体的；人的"幸福"不是一时的，而是一生的。

举个例子，我在《帕夫雷什中学》这本书里读到一段毕业致辞，该校的毕业致辞不是由校长来说，而是由学生选出的该校最受尊敬的老师来说。那年是 1964 年，为毕业生致辞的是一位快退休的化学教师。这位老师饱含深情地为即将毕业的学生致辞：

我亲爱的孩子们！今天，你们要和母校告别了，而我们教师今天也更上一层楼。我们每个教师一生中能登上的这种楼层并不那么多，也许能上三十至三十五层。对我来讲，今晚就意味着登到第三十二层楼了。

你们虽然将离校走向生活，但永远都会留在我们心中。你们要知道，我们终生都会因为听到关于你们任何一个人的任何一句好评而感到莫大的欣慰。同时也要知道，也会因为听到关于你们任何一个人的不愉快的消息而使我们伤心。

…………

要记住，生命属于人只有一次。度过一生，要在世上留下自己的贡献：留下稳立于花岗岩基石上的、高墙矗立的楼房，留下郁郁葱葱的茂密林木和硕果累累的苹果园。你们也将生儿育女，将在他们身上重现你们自己。要把人类创造的纯洁道德、美和智慧都传给你们的子女。小伙子们，要把姑娘当作未来的母亲尊重，对爱情要忠贞不渝，要永远记住，爱——就是给你所爱的人以幸福。姑娘们，要高度珍惜女性

的自豪。当你们带着自己的孩子来上学时，我们教师中许多
人还将在学校工作。要知道我们将在你们的孩子身上看到你
们优良品格的反映。但愿这种反映将是纯洁无瑕的。

这就是散发着人性芬芳的教育！没有一句大道理，没有
一句口号，只有充满人情味的叮咛，如同父母牵挂着自己即
将远行的儿女。

第四，尊重每一个孩子的个性和未来。

接下来要讲的这个故事，是我在苏霍姆林斯基的《给教
师的建议》一书中读到的，一定会让老师们产生共鸣。米哈
伊尔是一个成绩很差的学生，他调皮捣蛋，时常把老师们气
得大发雷霆。他的作文写得尤其糟糕，语文老师尼娜·彼特
罗芙娜为此非常头疼，每次只能给他的作文打上两分。久而
久之，米哈伊尔便不再提交作文，转而在语文课上"搞出各
种各样的花招"，把语文老师气得发抖。八年级尚未结业，
米哈伊尔的母亲便找到校长，请求学校让孩子离校就业。当
时，所有同事都向尼娜·彼特罗芙娜表示祝贺。由于工作繁
忙，尼娜·彼特罗芙娜很快就忘了米哈伊尔，有一天，家里
的电视机坏了，她便给电视机维修部打电话，请求派一位修
理工来修理，她还特别嘱咐要派一位技术一流的师傅。修理
部回复说，派的正是他们那儿有名的手艺高超的师傅。不久，
修理工敲响了她家的门，她打开门一看，门口站着的正是米
哈伊尔！可以想象，在米哈伊尔修理电视机的那两个小时里，
尼娜·彼特罗芙娜是多么难受，多么羞愧。临别时，尼娜·
彼特罗芙娜特意多给了米哈伊尔三卢布表示歉意，米哈伊尔

却说："您这是为了什么呢？难道您是这样教育我的吗？我的作文写得不好，可是我毕竟学会了正确地生活。当时我也喜欢您的课……是的，比任何别的课都喜欢。这些课会一辈子留在我的心里。"

米哈伊尔走了之后，尼娜·彼特罗芙娜哭了，她这样反思道："在我们认为无可救药的懒汉和毫无希望的'两分生'身上，在他们的心灵和双手里，还蕴藏着天才呢……不，这不仅是蕴藏着一个巧匠的天才，而是蕴藏着一个我们没有看到的大写的'人'。是的，亲爱的同事们，我们没有在学生身上看到这个大写的'人'——我们的主要过失就在这里……"这不就是我们老师现在存在的问题吗？

我想讲讲自己教过的几个学生。20多年前，我同时担任两个班级的班主任兼语文教师，其中一个班集中了全年级成绩最好的学生，另一个则是全年级"问题学生"最多的班。我主要想说说"问题学生"最多的班级里几个孩子的后续发展。

当时有一个孩子叫柴粒，他特别调皮，成绩一塌糊涂，几乎每天都给我惹事，让人操碎了心。我是送完一届高三学生后到初中部的，上一届学生毕业前，我给他们编了一本班级史册，叫作《恰同学少年》。接手新一届初一学生时，我给每个学生都送了一本。可是，很快就有一个女生说自己的《恰同学少年》被偷了。我当时很着急，又不好清查，就在语文课上讲《皇帝的新装》，大谈童心的重要性，让孩子们讨论什么是纯洁，什么是诚实。我记得学生在那堂课上讨论

122

得很热烈，虽然事后也没有人承认是自己干的，但我相信孩子们的心灵都受到了震撼。第二天，那本书居然出现在我的办公桌上，我不知道是谁放的，但感到很高兴，并写了一篇短文记录此事。十几年后的一天，早已成为军人的柴粒回到学校来看我，他说："李老师，我向你认错，当年那本书是我偷的。"我问他为什么要偷，他说他想为他的小学同学留一本。你们看，孩子的想法多么简单，动机也没那么复杂，只是想给朋友要一本。他告诉我："有两件事对我帮助很大，一是读初中，你教我明辨是非，教我懂得了什么该做，什么不该做；二是读军校，让我懂得了军人的职责。"他曾经在公交车上见义勇为。一位妇女坐公交车时发现钱包被偷，便惊叫起来，歹徒见势不妙拿出刀来，是柴粒挺身而出，制服了那家伙。我问柴粒："你当时怕不怕？"他很自豪地说："我是军人嘛！"大家看，如果只用成绩来评价他，他一文不值，但现在的他却令我崇拜。

我们来看看苏霍姆林斯基是怎么说的："共产主义教育的英明和真正的人道精神就在于：要在每一个人（毫无例外的每一个人）的身上发现他那独一无二的创造性劳动的源泉，帮助每一个人打开眼界看到自己，使他看见、理解和感觉到自己身上的人类自豪感的火花，从而成为一个精神上坚强的人，成为维护自己尊严的不可战胜的战士……人的充分的表现，这既是社会的幸福，也是个人的幸福。"

这段话的意思是，教育是为了让人自豪，而不是让人自卑。教育就是让每个孩子都能发现自己身上的闪光点，发现自己是独一无二的，为自己自豪。而我们现在的教育很容易让孩子看不起自己。父母也经常数落孩子，让孩子觉得自己要么不如邻居家的姐姐，要么不如亲戚家的哥哥。我们就是这样教育孩子的。

我再讲一个学生，也是这个班的，名字叫作宋怡然。那个女孩比较腼腆、胆小，却也善良、温顺，学习也很刻苦。谁也不会想到这么一个内向的女孩后来在美国成了摇滚歌手，自己作词，自己谱曲。她会时不时地转发一些自己的歌给我听，为我讲解什么是摇滚，教我区分软摇滚和硬摇滚。我以前完全不懂这些，在她面前显得很无知。上个月她回国了，我俩连同从前班上的几个同学聚在一起吃饭。聚餐时，她将自己的音乐专辑送给我们，并附上签名。我说："我是你的粉丝，我很崇拜你啊！"你们看，还是那句话，如果只用成绩来评价她，她一文不值；但现在的她如此闪耀，足以令我自卑，因为我不懂她所擅长的音乐。

但是我要说，令我自卑的学生越多，我的教育就越成功！

陶行知说过："教师的成功是创造出值得自己崇拜的人。先生之最大的成功，是创造出值得自己崇拜的学生。"现在来看，柴粒和宋怡然都是值得我崇拜的人。

今年9月底，该班的部分学生请我吃饭。如今再看那些孩子，依旧阳光、帅气、漂亮，各个都有出息！他们之中不乏教师、乘务员、公务员、科研工作者、钢琴师、企业家……真的是各个都有出息。最重要的是，他们都学会了做堂堂正正的人。

苏霍姆林斯基这样告诫教育者："远不是你所有的学生都会成为工程师、医生、科学家和艺术家，可是所有的人都要成为父亲和母亲、丈夫和妻子。假如学校按照重要程度提出一项教育任务的话，那么放在首位的是培养人，培养丈夫、妻子、母亲、父亲，而放在第二位的，才是培养未来的工程师或医生。"

他的意思是，不管学生将来从事什么职业，他们都要成为真正的人，而教育的第一任务就是培养人。

苏霍姆林斯基关于教育的真知灼见，直击当下的教育痼疾。他主张以教师的热情点燃孩子的求知火花，杜绝死记硬背，激发孩子的自尊；主张"没有惩罚的教育"，全力保护孩子的自尊。你们看他的这段话："决不允许热衷于那些'高效快速'教学法，因为那些教学法是把儿童的头脑当作能够无限制地贮存信息的电子机器来使用的。儿童是有生命的东西，他的大脑是最精密、最柔嫩的器官，我们应该小心翼翼地对待和爱护它。"现在有一些老师，不就是把学生的大脑当作知识的存储器而拼命灌输吗？

我一直想以"苏霍姆林斯基来中国"为题写一篇文章，我想象着他到中国来，看到中国当下的一些教育现象时可能产生的想法，大概会像他在《和青年校长的谈话》中所言：

为丰富教师的精神生活创造环境和条件，使他不要白白地耗费精力和宝贵的时间，去做那些琐碎无用和妨碍他的创造性努力的事。

这里的问题首先在于如何保证教师自由支配的时间，它对于不断丰富教师的精神世界，像空气对健康一样必不可少。教师没有自由支配的时间，这对于学校是真正的威胁。

…………

我校全体教师都遵循这样一条规定：教师不写任何总结和工作汇报。除了教育工作计划和课时计划外，他无需拟定任何其他计划。

我恳请在座的局长、校长想一想，平时是不是经常让老师们"白白地耗费精力和宝贵的时间，去做那些琐碎无用和妨碍他的创造性努力的事"。在座的局长、校长，一定要谨记"教师没有自由支配的时间，这对于学校是真正的威胁"这句话，并将其转变为行动，给老师读书的时间、反思的时间和自由支配的时间。这是苏霍姆林斯基的忠告。

读苏霍姆林斯基的书，我常常为他彻底的实事求是的精神而感到敬佩。他对一切脱离实际的形式主义教育都深恶痛绝，他说："在学校里，不许讲空话，不许搞空洞的思想！要珍惜每一句话！当儿童还不能理解某些词句的含义时，就不要让这些词句从他们的嘴里说出来！请不要把那些崇高的、神圣的语言变成不值钱的破铜币！"

从苏霍姆林斯基的话语中，我读到三个字——"真教育"。他对教育的认识和陶行知完全相通，他所反映的教育问题恰恰是我们现在所面临的，因而读他的著作，我感到十分亲切。

今年10月上旬，我第二次去乌克兰，再次见到卡娅，她送了我几张苏霍姆林斯基的照片和乌克兰发行的苏霍姆林斯基百年诞辰的纪念币。我们一行人在帕夫雷什中学大门前留影，我以为校门上至少会写上"培养走向世界的现代乌克兰人""以人为本""为了一切孩子""让孩子站在正中央"之类的口号，结果什么都没有，没有一句标语，没有一个口号，没有一点"文化建设"的痕迹。苏霍姆林斯基的学校是那么朴素，那么宁静。

校园里没有所谓的"文化建设"，泥土地上长着青草和苔藓，却洋溢着浓浓的生活气息、自然气息和人情味。苏霍姆林斯基当年和孩子们一起建造的温室苗圃，如今还在使用，一点都没变。学校的果园，也是苏霍姆林斯基当年和孩子们一起开垦的。在会议室里座谈时，校长告诉我们，我们吃的葡萄、苹果、核桃就是从果园里采摘的。吃着半个世纪前苏霍姆林斯基所建果园里的果实，那种感觉太好了。

那天正好是帕夫雷什中学的"面包节"，孩子们穿戴得格外漂亮。苏霍姆林斯基为学校的孩子创立了许多节日，除了"面包节"，还有"云雀节""诗歌节""女孩节""苹果节""庄稼节"等等。一群孩子天真烂漫，热情地为我们表演，中间的小女孩扮演着秋姑娘，载歌载舞，展现丰收的景象。

苏霍姆林斯基还在校园里为孩子们打造了"童话园地"。他生前曾为孩子写下许多童话，一些童话甚至入选了教材。孩子们上课时读老校长写的童话，下课后就到"童话园地"里探索童话世界。

回国以后，我重读《帕夫雷什中学》，发现苏霍姆林斯基在书中对校园及环境的描绘，几乎可以一字不改地作为今天帕夫雷什中学的解说词。帕夫雷什中学的模样居然几十年如一日，美丽的校园一点儿都没变。

我发自内心地呼唤中国的帕夫雷什中学，并不是要把中国的学校都办成帕夫雷什中学那样，而是希望学校立足学生立场和儿童视角。我呼唤朴素、宁静的中国教育，就是希望教育回归常识，回到起点，回到教育本来的样子。套用一句时髦的话，就是"不忘初心、牢记使命"。"初心"是什么？孩子的幸福。"使命"是什么？孩子的成长。

我呼唤中国的苏霍姆林斯基，就是希望中国的每一位教师、每一位校长、每一位局长，都像苏霍姆林斯基那样当教师、当校长、当局长！

谢谢大家！

大先生
陶行知

2021 年 10 月 18 日，为纪念陶行知诞辰 130 周年，江苏省教育厅、南京市人民政府和中国陶行知研究会在江苏南京举办"培养造就新时代'大先生'研讨会"。这是我在该研讨会上的演讲。

陶行知无疑是一位大先生，如何理解这位大先生？我觉得还是八个大字最能说明"大先生"之"大"——民主之魂，教育之光。

我理解的"民主之魂"，是指陶行知先生的政治之魂、生活之魂和教育之魂。

政治之魂，即陶行知的政治理想。他年轻时曾说："余今生之唯一目的在于经由教育而非经由军事革命创造一民主国家。"他最初的理想就是追求民主，但希望通过教育实现民主，所以他是从民主出发，走向教育民主。然而他发现，不摧毁专制政权是无法实现教育民主的，于是又走向政治民主，成为著名的民主主义战士。

生活之魂，即陶行知的生活方式。民主不仅是一种政治理想，还是一种生活方式。这个观点最早是杜威提出的，他指出，民主主义"还有一种更为深刻的解释：民主主义不仅是一种政府形式，它更是一种联合生活的方式，是一种共同交流经验的方式"。也许是受杜威的影响，陶行知也曾指出："民主的时候已经来到。民主是一种新的生活方式。我们对于民主的生活还不习惯。但春天已来，我们必须脱去棉衣，穿上春装。我们必须在民主的新生活中学习民主。"

这是对民主更为深刻的理解，将民主看作一种个人的生活方式，即认为民主不只是一种形式或外在的东西，而是一种内在的修养。这种内在的修养体现在与人交往的过程中，比如相信人的潜能；相信不分种族、肤色、性别、家庭背景、经济水平，每个人的天性中都蕴含着发展的无限可能；相信人们在日常生活与工作中是能够和睦相处、真诚合作的。民主的生活方式，意味着自由、平等、尊重、多元、包容、协商、和平等观念渗透于社会的每个角落，体现于生活的每个细节。

陶行知的民主生活方式，突出地体现在他的平等观念上，他提出消除"人上人"的观念，树立"人中人"的意识。他还特别强调师生互助互进，提倡教书先生向孩子学习，向老百姓学习，呼吁教育者把自己的生命放在学生的生命中，放在大众的生命中。

教育之魂，即他所有的教育实践都是为了培养具有共和精神的公民，培养共和国的公民，培养国家的主人。

针对专制社会的顺民教育，陶行知旗帜鲜明地指出，"民主教育是教人做主人，做自己的主人，做国家的主人，做世界的主人"，"中华民国是一个公司，四万万五千万人联合起来做老板。男人是男老板，女人是女老板；大人是大老板，小孩是小老板；大家都是中华民国的老板，大家都是中华民国的主人。拿这种浅显而重要的意思由学生一面学，一面教给不能进学校的老百姓，他们变成了民主的小先生"。

陶行知民主教育的目的始终是指向未来的民主社会的。他认为，民主教育应该为共和国培养公民："今日的学生，就是将来的公民。将来所需要的公民，即今天所应当养成的学生。"封建专制教育说穿了就是培养奴才，而民主教育是培养主人，是发扬人的主体性的教育。因此，是训练奴才还是造就主人，目的之不同可以区分专制教育与民主教育。

上面说的是我对陶行知"民主之魂"的理解，下面谈谈我对"教育之光"的理解。

陶行知先生的教育之光，是"中国之光"，即办有中国气派的教育。针对当时一些人罔顾现实而一味地往孩子头脑里灌"洋货"，使得中国教育奄奄一息的情况，他特别强调，无论多么先进的理念和做法，都要根据中国的实际情况予以改造。晓庄试验乡村师范学校、山海工学团、育才学校、社会大学等，无一不是最具中国特色的教育。

陶行知先生的教育之光，是"平民之光"，即面向多数人的教育，面向劳苦大众的教育。作为中国平民教育的先驱者，他和晏阳初等人一直怀着服务大众的情怀，面向广大乡村的基层百姓办教育。如今，一些学校的教育越来越贵族化，我们回顾一下陶行知教育的"平民之光"是很有必要，也是很有意义的。

陶行知先生的教育之光，是"儿童之光"。儿童在陶行知的眼里至高无上。他一直强调，教师乃至所有成人都要向孩子学习，他希望师范生都能"变成小孩子"，并认为这是做教师的资格。陶行知先生无限地相信儿童，坚信每个孩子都有无穷的创造力，多次呼吁要解放儿童，并提出了著名的"六大解放"。

陶行知先生的教育之光，是"生活之光"。他的教育根植于生活，着眼于生活，从生活出发，最终为了生活。他提出生活教育的理论，主张"生活即教育"。他强调生活实践的意义，强调"教学做合一"，强调生活处处都是教育，都有教育。他把教育与生活彻底打通，让孩子时时处处都可以学习，人人都可以成为老师。

陶行知先生的教育之光，是"创造之光"。教育最终是为了解放人的创造力。他认为创造无处不在、无时不在，无人不可创造，即"处处是创造之地，天天是创造之时，人人是创造之人"。要特别强调的是，陶行知提出的"培养创造力"与其民主社会的理想是直接关联的，即"培养创造力，以实现创造的民主和民主的创造"。

陶行知先生的教育之光，是"师范之光"。教育的品质取决于教师的品质，只有高质量的教师，才可能有高质量的教育。陶行知特别重视师范生的教育，他致力于培养热爱儿童、建设乡村、服务人民、献身于教育事业的师范生。现在我们越来越重视教师队伍的建设，而教师队伍的建设应该从师范生开始。陶行知师范教育的思想至今依然闪烁着光芒。

"大先生"有什么内涵？我认为，这里的"大"是指高于普通人的品质。从陶行知先生的身上，我们可以看出，"大先生"之"大"至少包括——

大道德。这里的"大道德"是指个人具有超越功利的人格，使教育成为自身信仰，怀着爱心，心里装着每一个孩子。陶行知说，他要代表乡村儿童向全国乡村小学教师及师范生上一个总请愿："不要你的金，不要你的银，只要你的心。"这实在令我感动。据他的学生回忆，他曾经说过，只要是为了劳苦大众，他吃草也愿意。这种无私的确非常人所能及，这就是大道德。

大理想。所谓"大理想"，便不是个人的小追求，而是一种为国为民的使命感，是一种大担当。陶行知说："人生为一大事来。"这里的"大事"，很容易被人理解为他所从事的教育，其实不然。这里的"大事"，指的是陶行知改造社会、改造中国的伟大抱负。没有这样的大理想，就谈不上是大先生。

大胸襟。开阔的胸襟，崇高的事业，是大先生具备的品质。我的导师朱永新先生曾说过，只有胸襟开阔的人才能做大事业。大胸襟，意味着能够包容一切，包容所有优秀的文明成果，真正做到海纳百川。我们要站在人类精神文明的制高点，俯瞰自己的每一堂课。今天，我们当然要立足本国国情，办中国的教育，但"教育要面向现代化，面向世界，面向未来"的思想从未过时。立足华夏，放眼全球，办具有中国特色的教育，是我们一直以来的追求。

大思想。大先生当然是一流的知识分子，而知识分子便意味着是一位思考者，甚至是一位思想家。他要思考国家与民族的昨天、今天和明天。他当然要顺应历史潮流，响应时代号召，为国家与民族的发展服务，但这绝不意味着人云亦云，屈从于权贵。真正的大先生始终秉持着陈寅恪所说的"独立之精神，自由之思想"。

大学问。大先生具有大学问，这不言而喻。今天我们缺少大先生，是因为相比过去的大先生，现在许多"先生"胸无点墨，书读得太少。所以我曾经说过，和老一辈大师相比，我们连学者都谈不上。没有手不释卷的习惯，没有博览群书的积淀，就休要谈"大先生"。

大智慧。大先生不仅有思想，还要有实践，尤其是要在教育实践中显示出教育智慧。历史在发展变化，时代会给人们带来一个又一个新挑战，具有大智慧的先生总能迎难而上、与时俱进，提供有针对性的策略、技巧与方法。这些策略、技巧与方法也许会过时，但其中蕴含的智慧却能超越时空。

我认为，作为一种理想的教育境界，大先生是完美的，正如杜时忠教授所说，大先生符合我们对理想教育者的全部想象。但这绝不意味着每一位大先生都没有弱点或缺点，相反，任何一位大先生都有自己的个性特点，是"唯一"的。

有人问，新时代如何培养大先生？我认为，面对新时代，我们当然有着特定的使命，比如我们正在为实现第二个百年目标而奋斗，肯定有过去的大先生没有遇到的问题。但我要说，对于今天的绝大多数教育者来说，更重要的是继承，而非"创新"。看看自己同过去那些大先生的差距，无论是人格、胸襟，还是学问、思想，我们都难以望其项背。所以，现在与其说"培养"大先生，不如说学习并继承老一代大先生的品质、风范与传统。

更何况，大先生是"培养"出来的吗？不，大先生从来都不是人为"培养"的，而是在适宜的环境中自己生长起来的。我们必须认识到，人才的成长离不开大时代，如果没有改革开放，没有 1977 年的恢复高考，中国许多杰出的人才都不可能生长起来。但在同样的环境里，有些人会生长，有些人却堕落了，关键还在于个人。你能说陶行知是谁培养的吗？不，他是自己生长起来的。我这样说，并不代表我否认外在条件的重要性。大先生的涌现需要阳光、空气和土壤，这里的"阳光、空气和土壤"，指的就是爱、自由和包容。也就是说，包括大先生在内的所有杰出人才，他们的生长都需要爱的阳光、自由的空气和肥沃的土壤。当然，他们也需要时代的机遇、领导的关怀和恩师的引导。但即便有了同样的"阳光、空气和土壤"，同样的机遇、关怀和引导，结果也大不相同，有的人成长起来了，有的却没有成长。这只能说明，我们可以创造一定的条件让大先生自由地成长，却不能人为地"培养"大先生。

我们必须承认，并非人人都可以成长为大先生，但这不妨碍每一位普通教师的心中都有着成为大先生的追求。

今天，我们纪念陶行知的最好方式，就是像陶行知那样做人、做事、做教育！

把幸福注入教育，
把童年还给孩子

2022 年 11 月 18 日，以"未来教育：幸福感和不完美的权利"为主题的第三届中国丹麦教育论坛以线上直播形式举行。这是我在该论坛上的致辞。

中国、丹麦的各位教育同人：

尽管疫情还没有退散，但我们的论坛还是在线上如期举行。我向参与此次论坛的各位朋友表示衷心的感谢和诚挚的欢迎！

这次论坛的主题是"未来教育：幸福感和不完美的权利"，其实幸福感并不只是未来教育的使命，教育本身就意味着给人以幸福，帮助人获得幸福。过去我们谈到教育，总是假想受教育只是人生的一个预备阶段，是为未来的幸福做准备的。这种观点不能说是完全错误的，毕竟获取知识、培养能力的确是孩子成人后获得幸福的基础。但我们不能忽略的是，一个人的童年也应该拥有幸福。这里的"幸福"既包括成长所需的物质保障，又包括精神发展所需的尊重、呵护、陪伴，以及好奇心的满足、创造力的开发，还包括在原野上奔跑，在河边嬉戏，任雨水淋透全身，让风筝在蓝天写诗，等等。如果一个孩子没有这些经历，那么他根本就没有童年。而没有童年的人生，毫无疑问是残缺的人生。因此，我们今天呼唤把幸福注入教育，把童年还给孩子，是极有意义的。

对许多孩子来说，教育幸福感的丧失，往往是因为大人们的苛求。家长和教师总是对孩子求全责备，甚至用圣人的标准去要求他们。孩子一出生，家长就给他们选了一条路，用一句经典的谚语来诠释，便是"吃得苦中苦，方为人上人"。所谓"人上人"，当然就是超出一般人的"强人""完人"乃至"圣人"。但绝对完美的人是不存在的，只要是人，就不可能完美。不完美，与其说是孩子的权利，不如说是一个人的天性；不完美，不是孩子的缺点，而是人的特点。如果不顺应孩子的天性，强行要他完美，他的童年注定不会一帆风顺，他更不会获得童年应有的快乐和幸福。从某种意义上说，认同并接受孩子的不完美，就是对孩子最大的尊重。尊重孩子的不完美，不是放弃我们的教育目标，而是让我们的教育更符合儿童的天性，更符合儿童的特点，让我们的教育更加从容、更加科学，也更具有人道主义色彩。

当然，"幸福感"和"不完美的权利"这个话题有很大的讨论空间。相信在这次论坛上，丹麦和中国两国的教育同人，会就此发表许多富有建设性的见解。

丹麦距离中国十分遥远，两国的历史文化与传统也各不相同，但无论是中国还是丹麦，都是对人类文明（包括文化教育）做出重大贡献的国家，尤其是在今天，我们对教育的未来都怀着美好的憧憬。我相信此次论坛能够取得圆满成功！

谢谢各位！

让教师获得分数以外的
尊严与幸福

2022 年 12 月 24 日至 25
日，以"教育的情感转向"为
主题的中国教育三十人论坛第
九届年会在北京举行。这是我
在年会上的演讲。

各位教育同人：

本次论坛的主题是"教育的情感转向"，这是什么意思呢？就是我们希望教育的情感，由过去关注知识、分数转向关注人的全面发展，聚焦人的精神、心灵、情感、能力和综合素养。当然，这是一个很宏大的话题，我的理论水平不高，但是我能讲故事。

今天我就以自己在武侯实验中学担任校长期间经历的几件小事，展示一下我对这个话题的理解，以及我在这方面的一些做法。

走进我校，你会发现学校里没有一张领导的照片。我们学校从来不挂领导的照片，有的只是学生和老师的照片。照片上的师生神采飞扬、充满活力，脸上洋溢着幸福。谁拍的？我拍的。去看他们上课时，我会抓拍他们最美的瞬间。有这样一种氛围，学校才算是学校。我就任校长第一次讲话时对老师们说，我知道有人期待我当校长能提升老师们的收入，但那是不可能的，我们是公办学校，每一分钱都是国家给的。不过，我会尽最大的努力，帮助大家享受超越金钱与分数的幸福和尊严。

我和老师们讨论教师的幸福和尊严究竟来自何处，首先是衣食无忧，如果没有这一基本条件，人怎么会幸福呢？当然，这不是幸福的全部，接下来还有职业享受、学生爱戴、同行敬佩、价值实现。我说，我们可以一起努力实现这一切。这一切说白了就是，作为一个老师，大家怎么认识自我，怎么对待他人，怎么面对课堂，怎么呵护每一个孩子。这些都与我们是否具备社会与情感能力密切相关，但"社会与情感能力"不是一个标签，它往往通过生活中点点滴滴的人与事呈现出来。

接下来我讲几个故事，故事很简单，也很有意思。

曾经有两个学生向我告状，告语文老师的状，说语文老师上课时脾气不好，偶尔还会动手。学生说该老师有时不认真批改作业，让科代表批改。我问他们有没有找语文老师直接提意见，他们说没有。为什么没有呢？他们说自己不敢。我问他们为什么不尝试一下，他们仍说"不敢"。我说："你们给她写封信，向她提意见。"学生犹豫了片刻，才表示愿意一试。我让他们写好以后拿来给我看，我帮忙改一改，改好后再交给该老师。

第二天，学生把信拿来给我，我一看，语言冷冰冰、干巴巴的，开篇就直截了当地表达了自己对老师的意见。我对他们说："如果这封信是写给你们的，你们看了也会不舒服，因为没有感情。我提个建议，从三个方面进行修改，第一段先说老师的优点。"我接着问："老师身上有值得你们尊敬的地方吗?"学生说该老师上课还是很认真负责的。我又问:"什么地方认真负责呢?"一个学生说:"语文老师早上来得很早,晚上走得很晚。"另一个学生补充道:"不发火的时候,她上课很有吸引力,课间还跟我们一起玩。"我说:"你们看,把这些写进去多好啊,写老师的优点。"我接着引导:"你们有没有对不起老师的地方呢?"他们便开始反省自己上课不认真,惹老师生气,没有按照老师的要求完成作业。我说:"第二段就写自己的缺点,写自己会改正缺点。在认识到老师的优点和自己的缺点的基础上,再表达自己对老师的意见,比如上课急躁,让科代表改作业,等等。"我让他们打好草稿后工工整整地誊抄一遍,再交给老师,如果不好意思当面给她,就悄悄放在办公桌上。

我就是这样处理这件事的,这不能叫作圆滑,我在教他们如何跟老师沟通。之后我打算与老师交流,作为校长应该对老师产生积极的影响。当然,这种影响不能是直接的批评,而应该采取间接的方式。于是,那段时间无论是在教职工会议上还是在教研活动中,我都会和老师们讨论教育的耐心、爱心、智慧,以及批改作业的最佳方式,等等。讨论这些话题时,我没有指名道姓,也没有说具体的事件,但我希望那位老师能够想到自己。

果不其然,过了一段时间,那两个学生又来找我了。我问他们有没有把信交给语文老师,老师有什么反应。他们说不需要写信了,那段时间语文老师对他们非常好,上课没有发火,也不再让科代表批改作业了。我说:"这多好呀。"老师改正了不足，学生也尊敬老师，我也特别开心。我既教会了学生如何对待老师，又不动声色地帮助了老师。我之所以采用这种方式，是因为那位教师性格比较脆弱，我担心直接找她会令她伤心。那位老师后来非常优秀。

第二个故事是有关我们学校教体育的熊老师的，小伙子阳光、磊落、大气，但就是很急躁，因为是小伙子嘛！有一次，一个学生的动作不标准，他急躁起来就用手敲了学生，事后被我批评了。又有一次，一个女生跑来找我，说熊老师打她了。我一听就着急了，连忙把熊老师叫来。由于熊老师性格直率，我就不再拐弯抹角了，直接问他是不是动手打学生了。他说："不好意思，李老师，我今天又没控制住自己，但是李老师你不知道当时的情况，我实在是忍不住啊！"我询问具体情形，他说："我正带着学生在操场上练习打篮球，两个女生非要从操场中间穿过，多危险呀！我不让她们走，她们不听话，我忍不住用手中的篮球网抽了她们一下，好像也没打着。"我说："那也不对。"他说："确实不对。"我问怎么办，他说要道歉。我把两个女孩叫来，女孩们见熊老师给自己道歉，无比感动，也承认了自己的错误。我说："虽然熊老师用篮球网打了你们，但是你们要理解熊老师的心情。当时的情况很危险，熊老师担心着急啊！"听了我的话，两个女孩更加尊敬熊老师了。

同样的事件，我采取了不同的方法。就像我们要求老师因材施教一样，校长对不同性格的老师也要因材施教，目的只有一个，就是提高他们的教育素养。

接下来我讲第三个故事，就是校长用什么方式能够更好地抚慰老师被学生伤害的心。我校杨老师上课时，见一个女孩违反课堂纪律，就批评了她。结果女孩不仅不认错，还顶撞杨老师，说了很难听的话。当时杨老师非常生气，但为了避免矛盾激化，没有继续批评那个女孩，而是课后把她叫到办公室谈心。后来女孩也承认了错误。

这件事处理得很好，我是事后从杨老师的文章中得知此事的。我想，这么优秀的老师，在课堂上被学生这么伤害，我应该安慰一下。

怎么安慰呢？凑巧，第二天是杨老师的生日。那天一大早，我就去操场上找她，她带着学生刚跑完步，正在操场一角给学生总结晨练的情况。我问她能不能把班长请出来，我想问一些问题，她马上叫了一个女孩出来。我和班长走到一旁，确保其他学生听不见我们说话，我才问道："杨老师好不好呀？"班长不假思索地说："好呀。"我接着问："班上同学爱不爱她呀？"班长说："爱呀。"我又问："你们向她表达过吗？"班长没反应过来，我接着说："今天是你们杨老师的生日。"班长惊讶不已，随即反应过来，说："我知道应该怎么做了。"我说："我只提一点，千万不要兴师动众，你们哪怕是唱一首歌，或是在黑板上写一句祝福语，杨老师都会感动的。也不要出卖我，说是我透露的消息。"

我不清楚之后的具体经过，但是杨老师后来告诉我："李老师，我的学生对我太好了。"你看，本来我可以直接向她表达我的祝福，但当我把这种祝福变成学生对她的爱，她收获到的幸福就不是来自校长，而是来自学生，来自她的职业。这就是超越金钱的职业幸福。

我们的老师很普通，不太可能拥有显赫的头衔和丰厚的物质财富，但他们依然可以拥有尊严与幸福，正如我校蒋长玲老师所言，"我并不优秀，但我很幸福"。这种幸福就是学校一直以来追求的"让人们因我的存在而感到幸福"。

谢谢大家！

"书生气"是一种
非常可贵的品质

2022 年 12 月 31 日,中国教育三十人论坛举办了线上的跨年演讲,演讲者之一是我的好朋友程红兵。

他演讲的题目是《幸福是把自己安放在合适的地方》，他讲述了自己在不同学校担任校长的几个故事，展示了他幸福的教育生活。对于被人称作"书生校长"，他颇为自得，并简要概述了"书生校长"的优缺点：不善社会交往，不懂世故人情，过于理想化，过于单纯；但眼界开阔，知道的多了，善于比较鉴别，不去浪费时间，书生气足，比较率真，喜欢较真。

但在我看来，他所说的"书生校长"的"缺点"全是优点：校长的心思应该全部放在学校上，要那么多"社会交往"干什么？"不懂人情世故"正是人格纯粹的表现，"理想化""单纯"不就是教育的品质吗？

演讲中，红兵讲了他在上海建平中学、上海金瑞学校和深圳明德实验学校的故事，这些故事的主角都是孩子。故事中的许多妙语直击我的心扉，比如"校长应该是学生的校长，应该是教师的校长，而不是校长的校长，不是教育局的校长"，"将学科打通，让深井串联。学科重组就是要引导学生面向丰富多彩的生活，而不仅仅是几个学科；就是要引导学生关注复杂的社会系统，而不仅仅是知识系统；就是要引导学生提高解决问题的能力，而不仅仅是解题能力；就是要引导学生提升综合素养，而不仅仅是学科能力；就是要引导学生着眼于未来的学习，而不仅仅是为了分数"，"过去，教科书是学生的世界；现在，世界是学生的教科书"，等等。

红兵演讲结束后，我受主办方的邀请进行点评。真不是谦虚，和红兵相比，我各方面都相差很远，但他的演讲令我激动，令我沉思，令我心潮澎湃，我确实有许多感想，便表达了如下感言。

谢谢红兵的演讲！我和红兵认识二十多年了，彼此将对方视为铁哥们儿。但说实话，刚才听了他的演讲，我才算真正理解他。这话怎么说呢？

2019年12月，我和红兵一起去南极，在邮轮上我们住同一间房。那天他接到一个电话，我一听就知道他正和深圳某校的创办人谈"脱钩"的事。所谓"脱钩"，就是不再担任校长，教育顾问之类的职务也不做了，他斩钉截铁地表示不愿出任，对方最终也表示理解并接受了他的想法。我对红兵说："这就对了嘛！你身体又不好，别把自己弄得那么累。像我现在这样多好，行动自如，心灵自由。"他附和道："是的，不干了，不干了。"我们当时还约定以后一起去北极。

结果几个月后，他告诉我，他又应邀加入上海的某个教育集团，还要担任总校长。我一听就很生气，斥责道："你以为你还是年轻人啊！你为什么喜欢做出一副'老骥伏枥，志在千里；烈士暮年，壮心不已'的样子呢？你不要命了？"

刚才听了红兵的演讲，我终于明白，几十年来，他那颗教育之心始终一尘不染。或者说，他那一身书生气丝毫没有衰退。正是一颗晶莹剔透的教育之心和至死不渝的书生气，让他无法停下行走的脚步，使他的教育行走之路没有尽头。

通常情况下，我们评价一位校长，总要说他有远大豪迈的理想、高屋建瓴的思想、开阔无垠的视野、博大恢宏的胸襟，以及卓越的学校管理智慧、杰出的课程开发能力，等等。这些当然是一位优秀的校长应当具备的品质，据我观察，程红兵不但具备这些品质，而且以其在各个学校任职的实践证明了自己的品质。

但我觉得，超越这一切品质的，是红兵作为一个"大写的人"的品质，是他自己所说的"书生气"。我第一次知道"书生气"这个词，来自小时候听到的一句话——"切不可书生气十足"。当时这个词在我心中是贬义词，但随着年龄的增加和阅历的丰富，我越来越觉得"书生气"是一种非常可贵的品质，它代表着善良、正直、纯净、简单、朴素、执着、理想等等。不是为了局长当校长，而是为了学校的老师和学生当校长，这是红兵区别于某些校长的鲜明特质。

1999年8月，红兵和我一起去拜访于漪老师，当时于漪老师对我俩说了一句话："对孩子的爱，能够使一个老师变得聪明起来。"她解释说，由于爱孩子，老师就会想方设法地研究、探索，积累的教育智慧也越来越多。于老师的这个观点同样适用于评价作为校长的程红兵。红兵在刚才的演讲中谈了那么多关于文化建设、教材改革、课程开发的思考，这一切都源自他的这份书生气，源自他对孩子发自内心的爱，对教育近乎本能的痴迷。有了这份爱与痴迷，他便在校长的岗位上迸发出令人惊叹的创造力。也正是由于这份爱与痴迷，他才"不可救药"地坚持留在学校里，因为那是他安放自身幸福最合适的地方。

我想，若干年后，已经长大的学生或许会忘记课堂上学了什么知识，忘记曾经参加过的活动，但他们一定不会忘记，每天走进校门时，程红兵校长的大手和自己的小手互相拍击的那个美妙瞬间。那一刻，已经不再年轻的红兵的心和孩子们的心融合在一起，而孩子们的心同样是红兵安放自身幸福最合适的地方。

谢谢红兵给我们带来如此美妙、如此令人幸福的演讲！

以苏霍姆林斯基的名义
擦亮教育的初心

2023年4月6日至9日，以"情感性班集体建设研究总结暨带班育人方略"为主题的中国陶行知研究会苏霍姆林斯基研究专业委员会2023年年会在湖南株洲召开。这是我在开幕式上的发言。

亲爱的苏霍姆林斯基的追随者：

上台之前，我在想应该以什么称呼开头，想了想，无论在座的是局长、校长还是老师，大家都有一个共同的身份——苏霍姆林斯基的追随者。今天，我们这一群初心不改、理想不灭的中国教育工作者相聚于此，以苏霍姆林斯基的名义再次擦亮我们的初心，展现我们的理想。初心，就是使我们面对的每一位学生获得终生幸福；理想，就是让中国教育健康发展。我代表苏霍姆林斯基研究专业委员会，向来自五湖四海的每一位与会者表示衷心的感谢！此时此刻，我还要提议，我们要向为苏霍姆林斯基研究专业委员会做出卓越贡献的唐云增先生和吴盘生理事长致以崇高的敬意！

毫无疑问，改革开放四十多年来，中国的教育发生了翻天覆地的变化。仅以高等教育为例，我国高等教育的毛入学率从1977年的2.6%，提高至2022年的59.6%，高等教育已经进入世界公认的普及化阶段。2022年5月17日，教育部高等教育司司长吴岩在新闻发布会上宣称，我国接受高等教育的人口达到2.4亿，新增劳动力平均受教育年限达13.8

年，劳动力素质结构发生了重大变化，全民族素质得到稳步提高。

然而令人遗憾的是，教育的发展并没有完全转化为个体的幸福，现在学生的作业负担越来越重，睡眠时间越来越少，青少年近视率也居高不下，在座的老师想必都有同感。教育发展与人的幸福形成如此强烈的反差，说明我们的教育更注重入学率、升学率、普及率等，却忽略了人的幸福。

而"人是最高价值"——苏霍姆林斯基的这句名言，正揭示了教育的本质。

1998年，在一次国际学术研讨会上，我曾经当面问苏霍姆林斯基的女儿卡娅："您认为您父亲对教育的最大贡献是什么？"她不假思索地回答道："正是我父亲，第一个把'人性'引入了苏维埃教育！"现在的年轻人可能不知道——知道了也很难理解，在四五十年前的苏联乃至整个社会主义阵营，"人性""人道""人情"都是敏感词，所以，把"人性"引入苏联教育，是苏霍姆林斯基对苏联教育乃至整个社会主义教育的最杰出的贡献。

今天，随着ChatGPT等人工智能的出现，不少教育者面临着前所未有的教育挑战。这使我想到，在苏霍姆林斯基生活的年代，苏联正盛行"科技时代""数学时代""电子世纪""核子世纪"等说法，而苏霍姆林斯基却旗帜鲜明地提出，当今首先是"人的时代""人的世纪"。因此，他所有的教育研究、探索和实践，都聚焦人的心灵，都是为了人的全面和谐发展。这种观点放在今天，不是依然很前卫吗？

我们的老会长吴盘生老师最近写了一篇文章，呼吁为苏霍姆林斯基的名著《要相信孩子》恢复原本的名字——《请相信人》。吴老师认为苏霍姆林斯基教育思想的内核就是"人是最高价值"，在苏霍姆林斯基看来，"相信人"是教育学的铁律，也是每位教师与孩子打交道时的行动指南，其代表作《请相信人》正体现了这一思想内核。读这本书，教师就如同倾听教育家发自内心的生命呐喊，能牢牢把握"人是最高价值"这一教育准则，并透视教育现实乃至社会现实中普遍存在的人的异化的倾向。

所以，作为苏霍姆林斯基研究专业委员会的新任理事长，我坚定不移地认为，只要我们的目光始终对准有血有肉的人，我们的教育就永远处于时代的前沿。

尽管中国不是苏联，我们所处的时代和苏霍姆林斯基的年代也大不相同，但是就教育而言，人性、人道和人情是跨越民族的共同追求，人的发展和人的幸福是超越时空的永恒主题。只要人类存在一天，教育就会薪火不断；而只要教育不消失，苏霍姆林斯基的魅力就不会衰退。

对我们来说，苏霍姆林斯基的著作具有非凡的意义，让我们知道了关于"人"的教育应该是怎样的。苏霍姆林斯基是一个美好的梦，读他的作品就是追梦，而追梦的过程就是不断实现自己的教育理想以及教育报国的过程。当一群人一起追随苏霍姆林斯基时，我们便有了共同的信仰，我们对教育的未来便充满了信心。

让中国教育因我们的存在而更加人性化，让中国孩子因充满爱的教育而幸福成长，这就是我们重聚于此的意义。

谢谢！

ChatGPT 是一种威胁
还是一份礼物？

2023 年 5 月 9 日，以 "Chat-GPT 是一种威胁还是一份礼物？" 为主题的第四届中国丹麦教育论坛在丹麦北菲茵民众学院举行。这是我在该论坛上的致辞。

尊敬的摩根先生、亲爱的教育同人：

大家好！

虽然前三届中国丹麦教育论坛迫于肆虐的疫情只能通过线上直播形式举行，但我们始终期待着能在线下相聚。能够感受彼此的气息，才是真正的教育。如今疫情已经结束，我们终于在美丽的丹麦北菲茵相聚，再次共话教育。

作为本届论坛的中方主席，我谨代表中国教育三十人论坛向联合主办此次论坛的丹麦终身学习计划协会表示衷心的感谢，也感谢所有关注并参与此次论坛的朋友们！

这次教育论坛的主题是"ChatGPT 是一种威胁还是一份礼物？"，在人工智能迅猛发展的当下，我们将集中讨论教育的价值何在。这是一个有意思也有意义的话题。说它"有意思"，是因为在教育诞生之初，人类可能没有想到，教育的发展会给自己带来不安和恐惧，中国的成语"自作自受"在这里多了一层别样的意味；说它"有意义"，是因为纵观历史，教育的发展总是与科技进步相关联，科技从来都是推动教育前进的强大力量，我们不能视而不见。如果人类能够把握机会，主动应对时代的变化，我们将迎来教育的大变革与大发展。也就是说，科技变革对教育来说究竟是一种威胁，还是一份礼物，全在于人类自己的理性判断与智慧选择，正如《国际歌》所唱，"要创造人类的幸福，全靠我们自己"。

因此，我们要重新审视教育的价值，以及呈现和传递这种价值的方式，并为更多的教育者提供富有建设性的意见，这就是我们这次论坛的宗旨所在。

人工智能的飞速发展，把我们推到了教育发展的关键时刻。应对新的情况，选择新的策略，明确新的方向，这一目标当然有赖于更多有识之士对教育的认识，不是我们这个小小的论坛所能完成的，但中国丹麦教育论坛的存在不会没有意义，我们的思考不会没有价值。我相信，每一位参与者的声音都不会被埋没，我们的呼声将成为鼓舞教育者不断探索的音符，会汇入人类前进的宏伟乐章中，共同推动教育的高歌猛进。我在此预祝论坛圆满成功!

接下来，我想就此次论坛的主题谈谈个人的肤浅看法。

对教育而言，ChatGPT 是一种威胁还是一份礼物? 答案因人而异。如果身为教师的你已经习惯了灌输知识，教学生死记硬背，那么 ChatGPT 对你来说肯定是一种威胁。什么威胁呢? 职业上的威胁。因为你得心应手的那一套操作，Chat-GPT 比你做得还好，取代你是早晚的事，就像现在中国的不少高速公路已经实现全自助智能化缴费，收费员被取代了一样。因此，不怕机器变成人，就怕人变成机器。如果你自己也不过是"智能人工"，那你迟早被"人工智能"取代，有什么奇怪的呢？

但换一种角度来看，ChatGPT 对教育也是一份礼物，表现在三个方面。第一，ChatGPT 为我们提供了更便利的学习方式，开拓了学习的途径。第二，ChatGPT 倒逼教师提升自己，迫使教师放弃传统的以知识为中心的应试教育模式，转而关注学生的情感、态度与价值观。第三，ChatGPT 让教育恢复其本质，或言让教育返璞归真。这种"本质"，这种"真"和"璞"，就是人的起点。

虽然 ChatGPT 是一种工具，但我们不要忽略工具的意义，强大工具的出现有时候能更新我们的观念，改变某些事物的结构，甚至催生新的事物。比如，最早的战马只是用来运送士兵的，马镫的出现却改变了战马的用途，使人能够稳定地骑在马上作战，于是一种新的作战方式应运而生，新的兵种——骑兵也诞生了。

我再举一个例子，PPT 的出现改变了课堂结构。过去，教师板书要花很多时间，学生在课堂上没有时间放开讨论。而 PPT 的出现解放了教师，他可以提前将板书内容做成PPT，为课堂节省时间，组织学生讨论互动，让学生在课堂上动起来。这也是工具带来的变化。

当然，马镫之所以能够改变作战方式，是因为骑在马上的人很有智慧，否则马镫可能就只是上马的工具。PPT 之所以能够改变课堂结构，同样是因为使用 PPT 的人具有先进的理念，否则就算节省出了时间，他也会利用这些时间让学生多做点习题或试卷。

因此，工具能否给人带来积极的影响，全看使用工具的是怎样的人。

一些老师之所以对 ChatGPT 感到不安甚至恐慌，是因为他们想不明白，既然 ChatGPT 能代替教师工作了，那么教育的意义在哪里？这个问题的答案很简单，教育的意义就是发掘人的价值。所谓"发掘人的价值"，就是让教育符合人性，遵循人道，充满人情。这是 ChatGPT 无法做到的，而只有人能够做到。

这么说或许有些抽象，那我就借助生活中的例子来说明吧。一个孩子考试不及格，并且分数极低，老师发试卷时走到他的面前，折起试卷的一角将分数隐去，以免他的同桌看见他的分数。这个动作看似不经意，却体现了老师对孩子尊严的维护，这是 ChatGPT 所不能做到的，只有人能够做到。

再举一个例子，一个孩子曾在一篇文章中回忆自己的老师，说自己当年功课不好，却在作业本上看到老师留下的一行字：别灰心，你一定能够学好这门功课的！这行字令他十分感动，对老师满怀感激，信心也增加了。后来，他经过努力果然学好了功课。他在文章中这样写道："好老师的眼里不会只看到课本的。"老师不仅要看到课本，更要看到学生，这也是 ChatGPT 做不到的，只有人能够做到。这种心心相印、息息相通，能听到彼此的心跳、感受彼此的脉搏的教育，才是人的教育，而 ChatGPT 做不到。

教育本身并不只是灌输知识和传授技能，真正的教育意味着精神的提升、人格的塑造、情感的熏陶、价值观的引领……总而言之，教育的内涵丰富多彩，教育是指向人的灵魂的。

ChatGPT 将教师从烦琐而机械的重复性劳动中解放出来，让教师真正育人而非仅仅教书。因此，我期待着未来学校的三个变化：第一，教师从关注知识与分数转向关注每一个人，做一个真正有爱心的教育者，言谈举止都能体现人的温度，并将温度传递给学生；第二，课堂成为思考的王国，没有标准答案，只有不同思想的碰撞，让批判性思维得到充分的展示，让无穷的想象力自在地飞扬；第三，学校只为学生的成长和快乐而存在，学生不再是知识的容器，不再是考试的机器，而是自己的主人，会成长为身心健康、情感丰富、举止文明、思想自由、灵魂高尚的公民。

核武器出现时，人们担心人类会毁于自己的创造。但几十年过去，人类利用核能造福世界，证明了人的智慧与伟大。ChatGPT 会不会对人类产生威胁，同样也考验着人类的智慧。人类毕竟不是工具的奴隶，而是 ChatGPT 的创造者。

联合国教科文组织在其发布的报告《一起重新构想我们的未来：为教育打造新的社会契约》中指出："数字化手段可以以多种形式为教学提供支持。然而，真正使学生能够接触到人类共享知识遗产的丰富性与多样性，支持智力解放，共同创造公正、可持续的未来的，正是我们的人际交往和牢固的（师生之间、学生之间和教师之间的）关系。"

因此，哪怕是在人工智能时代，好的教育也只存在于人与人之间。只有当生命彼此交融，师生倾听彼此的心跳，感受彼此的脉搏时，真正的教育才能发生。

谢谢大家!

以“豁出去”的
精神做教育

　　2023年7月11日，爱心与教育研究会（以下简称爱研会）第十二届研讨会在湖南长沙举行。在开幕前夕的见面会上，我面对着一张张年轻的脸庞和一双双清澈的眼睛，推心置腹地说了如下的话。

　　爱研会的成员为筹备此次年会付出了巨大心血，大家从不计较个人的名利得失，怀着一颗纯粹的教育心对待教育，这是难能可贵的品质。在工作站，我曾告诉学员们，我们就是一个学习共同体，学习与成长就是我们的全部目的，除此之外不存在任何功利的动机。为了让工作站保持纯粹，与所有世俗的名利绝缘，我甚至不让学员对别人说"师从李镇西"之类的话。同样地，爱研会在我看来就是规模较大的工作站，是一个纯粹的学习共同体，而不是用来沽名钓誉的。

　　我曾经问工作站的学员："你们是因为进了工作站才变得优秀，还是因为优秀才进入工作站？"他们当然会说是因为进了工作站才变得优秀，我说："不是，你们是因为优秀才进入工作站。"这里的"优秀"不是看他们有多少荣誉证书，在教学能力上多么出类拔萃，而是因为他们拥有热爱学生、热爱教育、热爱学习的品质，否则他们怎么会选择什么"好处"都没有的工作站呢？加入爱研会的老师也是如此，因为有理想、有追求，才会选择爱研会。所以我希望爱研会的老师们永远秉持"三个热爱"，即热爱学生、热爱教育、热爱学习。

我说过很多次，我没想过改变世界，只希望自己不被这个世界改变。我做到了，所谓"不被这个世界改变"，指的是我的初心不因这个世界而改变，至今依然纯真而纯净。但最近我发现，自己无意之中也改变了一些老师的教育人生。我是怎么"改变"这些老师的呢？我指导过他们的教育事业和工作吗？当然不是，其中许多老师我都不认识，也未曾接触过。究其缘由，大概如一位老师所说："您对我们最大的改变，就是您始终做自己，让自己成为一束光，走在我们前面。我们跟着您走，像您一样做教育。"

我想了想，承认是这个道理，于是我现在在对待自己写下的每一个字都特别认真，因为我知道许多老师都在读。我不敢保证自己的每一句话都是对的，但我可以做到每一句话都是出自真心，我必须把心掏出来，不然对不住那么多年轻教师的信任。无论是建设工作站还是加入爱研会，我都是在做公益，不图回报，也不可能从中得到什么"回报"。但从某种意义上来说，我这样做也得到了丰厚的"回报"，那就是你们每一个人的成长。

爱研会的成员都是平等的，我们不是什么师徒关系，而是一个成长的共同体。你们在成长，我也在成长，你们延续了我的教育生涯，激发了我的教育激情，我也发自内心地感谢大家。

爱研会最早是由一位叫蒋自立的名师发起的，起初的名称是"李镇西教育思想研究所"。说实话，我一开始并不同意这么做，觉得自己没什么值得研究的。蒋老师却说，这不过是借着"李镇西"三个字召集渴望成长的年轻人一起学习。我只好默许，但从不参与相关活动。后来我还是觉得不妥，对蒋老师说如果这个团队一定要存在，那就改个名字，于是就有了"爱心与教育研究会"。爱研会成立多年，也遭遇过误解和攻击，但我从不回应，因为我们有更重要的事要做，哪能把时间与精力花在自证上？我们的成长，就是对误解最好的解释，也是对攻击最好的回应。

我希望在座的老师都能看淡外在的名利和评价，尽量保持一颗纯粹的教育心。"不被这个世界改变"还有一层意思，就是个体要拥有一颗自由思考的大脑，不被别人带偏方向。我这辈子就希望自己能成为一个自由、独立的人，也希望各位老师都能清醒、独立。

教师是知识分子，知识分子不能人云亦云，必须具备陈寅恪所说的"独立之人格、自由之思想"。要做到这一点，就应该多读书，尽可能地开拓自己的视野，尤其要有丰富的信息源。信息源单一，往往是一个人丧失思考力的原因。古人说"兼听则明，偏信则暗"，的确如此。就像面对两个人吵架，如果只听取一方的说法，你肯定觉得此人所言有理，但如果兼听双方的说法，你或许就能做出客观的判断。教育者尤其需要丰富的信息源，我们都是成人，都有自己的思想，面对各种信息都能做出自己的判断。

判断是非曲直，并不需要多么深厚的理论功底，也不需要多么丰富的"内幕消息"，只需要良知和常识。所谓"良

知"，就是要有人性，有人性所必备的善良与正义。所谓
"常识"，即不需要证明的基本道理，比如人要吃饭而不能
吃屎。

所以，不断地阅读，不断地获取新知，不断地接收各种
信息，包括彼此对立的观点，对我们来说只有好处没有害处。
只有当我们的视野足够开阔，胸襟足够博大，信息存储足够
丰富，我们才能拥有一颗属于自己的大脑。

在座的各位都是每天站在讲台上直接面对孩子的一线老
师，对当前的教育弊端应该有更深刻的感受。作为有良知的
教育者，我们即使不能改变教育现状，也不应该对应试教育
的弊端视而不见。一些老师总说："我也没办法啊！教育局
要质量，校长要成绩，我身为一个普通老师，只能昧着良心
去逼迫孩子，实在是无奈啊！"我承认，普通教师在改变教
育环境的问题上力有不逮，但这并不意味着我们可以无所作
为。我们完全可以通过自己的努力，在应试教育的重压之下，
为自己，也为孩子赢得些许亮光。这当然很难做到，但绝非
毫无可能，要想做到，在我看来必须具备以下两点。

第一，摆脱所有名利，以"豁出去"的精神对待教育，
对待孩子，对待每一堂课，对待领导的种种不合理要求。以
我自己为例，任教几十年来，我常常带学生出去玩，受到学
校的多次批评乃至处分，但我很任性，依旧我行我素。失去
的当然是世俗的种种"名利"，比如没有入党资格，没有高
级职称，不被提拔重用，等等。我当然为此郁闷过，但如果
得到这一切的条件是要我做自己不愿意做的教育，那我宁可

不要。几十年来我坚持一个原则，决不牺牲学生的利益屈从学校不合理的管理。得罪校长有什么了不起，大不了不做干部，幸福比优秀更重要！这样一想，我豁然开朗，无私无畏，胸怀更加坦荡，教育也更加率性了。

第二，要有足够的智慧。"豁出去"也好，"任性"也罢，前提是要带好班级，把学生的成绩提上去，没有过硬的教学质量，是肯定无法通过校长那一关的。既要让学生在学校过得轻松、快乐，又要保证学生的学习成绩和升学率，这对于教师的教育智慧可以说是极大的考验。教育教学是要动脑子的，不能靠压迫学生获得好成绩。综观我几十年来的教育，如果我说自己是"常胜将军"，学生每次考试都非常出色，那肯定是吹牛。我任教的班级也有考得不好的时候，但那种情况毕竟极少，而且主要是在我年轻的时候。总体上看，我的应试成绩是拿得出手的，不然今天也不会站在这里给大家讲话。事实上，名师的荣誉都必须倚仗应试成绩，真正的名师要取得优异的应试成绩，靠的就是智慧。

上个月我去佛山讲课，我的一位学生来听课，他是我28年前教过的学生，他当年所在的班级可以说是取得了辉煌的高考成绩。那天他当众回忆当年的语文课，说道："我最难忘的是李老师在课堂上给我们读小说。李老师教我们语文的时候，从来不布置课外作业。"学生都上高三了，老师居然不布置课外作业，还在课堂上给学生读小说，现在说出来谁相信呢？而我当时就是那么做的。我之所以敢那么做，是因为我对语文教学进行了整体的改革，包括阅读教学和作文教学的改革，我班后来的语文高考成绩也相当不错。

一个老师，如果没有足够的教育智慧，就不会有足够的教学自信，而缺乏智慧和自信，就不可能摆脱世俗名利，摆脱不了世俗名利，自然就只能通过考试压榨学生，以谋求自身的生存。

有些年轻人工作还没几年，为什么总是想着进入管理层呢？因为他的价值只能靠"当官"来体现。但我年轻时就坚信，我不当校长，我不当教务处副主任或其他中层干部，我不当市级优秀青年教师，我李镇西还是李镇西。爱研会常务副会长黄建军老师今天也在现场，他曾经是学校德育处主任，后来辞去该职务，继续当班主任，也干得有滋有味。"德育处主任"这一职务的解除，并没有令他贬值，因为他的价值并不需要通过"主任""校长"等头衔来彰显。要特别说明的是，我没有鄙薄学校管理干部的意思，事实上，不少校长、主任都是上课的一把好手，他们之中的很多人正是凭借出色的教学成绩得到提拔的。我的意思是，一个年轻人如果只能通过"提干"来展示自己的"能力"，那确实可悲。

爱研会成立时，我没有想到它能如此顽强地坚持至今，并且不断发展，也没想到不少年轻教师的确因它而成长。来自天南海北、彼此素不相识的年轻教师，为了共同的教育理想聚首于此，这不是偶然，而是必然，因为共同的追求会指引你们相遇。作为一名退休老教师，我愿意继续帮助大家，也会永远关注你们的成长！

情感教育是
班级教育的灵魂

2023 年 8 月 10 日，第三届
"面向未来：情感教育与人的全
面发展"学术研讨会暨朱小蔓
情感教育纪念论坛在陕西宝鸡
举行。这是我在该论坛上的
致辞。

尊敬的各位教育同人：

作为朱小蔓老师的追随者和推崇者，我真诚祝贺朱小蔓情感教育纪念论坛顺利举行！

敬爱的朱小蔓老师离开我们已经整整三年了。三年来，我觉得朱小蔓老师并没有离去，不仅仅是因为我们一直在想念她，更是因为她所倡导的情感教育，一直在我们的校园里，在我们的教室里，在我们的讲台上，在我们和学生每一天的生活中……

今天，我想对朱小蔓老师和她的情感教育表达以下三点感受。

第一，作为情感教育的倡导者和理论奠基人，朱小蔓老师本人就是一个情感丰富而健康的"大写的人"。朱老师令我感慨并感动的是，她善良的品性与她的专业研究融为一体。我曾经不止一次地对朋友说："朱小蔓老师是搞道德教育的，她本人就是高尚道德的化身。"见过她的人，无一不被她的美丽、温和、善良和博学所感染。朱小蔓老师以自己知行合一的人生态度告诉我们，一个教育者，首先应该是一个高尚人格的示范者，自己提倡什么，就应该践行什么。所谓教育，就是我们想把学生培养成什么样的人，我们自己首先得是那样的人。

第二，朱小蔓老师所提出的并从理论上加以论述的情感教育，照亮了古今中外许多教育家关于教育人性的精辟观点。陶行知说"真教育是心心相印的活动"，苏霍姆林斯基说"教育——这首先是人学"，两种表述或多或少都有些抽象，而根据朱小蔓对情感教育的论述，我们不但可以深刻地理解教育的"人学"特质，而且找到了让教育人性化的路径。无论是以前的"全面发展"，还是现在的"五育并举"，其中都蕴含着情感教育。从情感教育出发，学生的德、智、体、美、劳诸方面素养都可以得到提升，或者说，我们对学生各方面的教育都离不开情感教育。

第三，我们每一位老师，作为情感教育的践行者，应该把人视作教育的最高价值。情感教育意味着"目中有人"，而不是把学生当工具。苏霍姆林斯基反复强调，在班级教育中，集体不是目的，人才是目的。而朱小蔓老师在一次专访中也表示："集体教育同样不是目的而仅是手段。班级生活是学生学习过共同生活、公共生活。在健康、健全的班级生活中，孩子们的情感才可能是惬意、舒展的，时常有与己相关的联结感，有同感共受的正面感觉。他们盼望与老师、同学见面与情感分享，以满足正常的人之需要。因此，班级的建设也要从班级情感文化建设、班级情感育人入手。"我认为，从这个意义上说，情感教育是班级建设的灵魂。

对朱小蔓老师最好的纪念，是将她的情感教育理论变成每一位教育者的自觉追求和自然的教育行为，让朱小蔓老师的情感教育理论在中国千千万万教育者的实践中，结出芬芳的硕果！

预祝朱小蔓情感教育纪念论坛圆满成功！

谢谢！

天地之间
人最大

2023 年 9 月 28 日，四川省眉山映天学校举行 30 周年校庆系列活动，这是我在活动中的致辞。

亲爱的老师们和孩子们，尊敬的嘉宾和领导：

大家晚上好！

今天是 2023 年 9 月 28 日，是一个非常有意义而有些巧合的日子，是我国伟大的教育家孔子的 2574 周年诞辰，是苏联伟大的教育家苏霍姆林斯基的 105 周年诞辰，也是眉山映天学校建校 30 周年纪念日，我向映天学校建校 30 周年表示诚挚的祝贺！

此时此刻总得说几句，说什么呢？我想说说自己对映天学校的印象。

映天学校的办学思想、课程设置、教育质量、社会声誉是有目共睹的，我不打算多说。我最想说的是，映天学校所有的办学举措都凸显了"大写的人"。苏霍姆林斯基说"人是最高价值"，而映天学校为孩子所做的一切，都充分地体现了对具体的人的尊重。这里有人的尊严、人的温度、人的气息、人的芬芳……而这些往往是通过一些故事和细节呈现出来的。今晚，我想讲讲特别打动我的、关于映天学校师生的三个故事。

第一个故事是——

一天放学时突然下大雨，小学部的孩子大多没带雨伞，在雨中慌乱地奔跑。学校的教师、职工以及初、高中学生便自发地送来各自的伞，并将五颜六色的伞连起来，搭成一架遮风挡雨的"廊桥"，慌乱的小学生全都镇定下来，一一从伞下穿过。想象一下那样的场景，大雨"哗啦哗啦"地下着，孩子们在雨伞相连而成的"廊桥"下静静地走过，多么美好，多么富有诗意！一年后，一个孩子对李雅蕾校长说："李校长，什么时候下雨呀？我想再看一看老师和哥哥姐姐们搭建的彩虹桥，那是我见过最美的彩虹桥！"看，师生自发的一次爱心之举，便在孩子们心中留下了永远温馨的记忆！

第二个故事是——

有一次，初中部的胡校长在微信群里留言，说小学部的一个男孩子在草坪里翻找蚯蚓，把校园好些地方的草坪都弄坏了。如果是在其他学校，这个男孩估计会受到批评甚至处罚，但幸运的是，他生活在映天学校。学校领导和老师决定尊重孩子好奇的天性，主动为孩子开辟探索的渠道，引导孩子正确地探索。于是，学校开辟出一块专门供孩子挖蚯蚓的地方，并命名为"蚯蚓会客厅"。课间，许多孩子去那里挖呀挖，找小蚯蚓、小蚂蚁、小虫子等。在这里，孩子们得到了充分的尊重。

第三个故事是——

一个孩子转学到映天学校上三年级，他的成绩很不好，语文、数学、英语三门科目的考试总分也才 20 多分。他并不笨，但他的眼睛有先天性问题，看文字时几乎要贴到字上。当时孩子非常自卑。幸运的是，他在映天学校遇到特别有爱心的班主任。班主任每天都利用休息时间单独为孩子义务辅导，把生字放大到他能看清的程度，一个字一个字地教给他。学校甚至在考试时为他单独设置考场，老师念题，他作答。就这样直到小学毕业，他的单科成绩都上了 80 分。这个成绩对其他孩子来说也许不算优异，但对于这个孩子来说，已经是老师的爱所创造的奇迹。该班主任特别善于发现孩子的优点，当她发现孩子有演讲的天赋时，便鼓励他、培养他。孩子变得越来越自信，后来还在电视台的演讲比赛上获奖了。

我向这位心怀大爱的老师表达真诚的敬意！当然，关怀孩子的老师不止这一位，孩子在映天学校遇到的所有老师都富有爱心，我向映天学校所有有爱心的老师致敬。

天大地大，人最伟大！在映天学校，没有比人更高贵的了。映天学校的老师就是伟大的人，而伟大的他们，正为我们的未来培养伟大的中国公民！

映天学校的历史画卷就是这样由一个又一个爱的故事组成，不必堆叠奖牌来证明映天学校的荣耀，映天学校的光荣镌刻在一届又一届学生的记忆里。

最后我以一首藏头诗表达对映天学校的敬意：

爱似阳光校如家，

满园缤纷吐芳华。

映红颗颗教育心,

天地之间人最大!

我再次祝福映天学校的明天!

美好的教育
是怎样产生的？

2023 年 10 月 21 日至 22
日，以"青少年抑郁症解析"
为主题的首届青少年心理安全
论坛在云南昆明举行。这是我
在该论坛上的演讲。

各位老师：

大家好！

刚才，主持人王旭明兄对张皓老师的演讲赞不绝口，给我带来了不小的压力呀！前面三位专家的分享都非常精彩，令我自豪的是，本次论坛备受欢迎的两位老师——郭文红和张皓，都是我李某人推荐的。如果没有我推荐的这两位老师，不知这次论坛会减少多少掌声和笑声，这样一想我便释然了。（大笑）

张皓老师是我非常要好的朋友，也是我非常敬重的老师，她的爱人也是我的好友。我很早便熟知她的演讲风格，得知要举办这个论坛时，我首先想到的就是要推荐她。在座的老师，如果你以前不知道张皓老师，那我只能说是你孤陋寡闻。（大笑）

今天我要分享的题目是《美好的教育是怎样产生的》。我不是心理学专家，今天只想从教育学的角度谈谈我的思考与实践。

在座各位对于近些年来的青少年心理问题想必都深有体

会,孩子对生命的态度越来越消极,现实之沉重令我们教育者痛惜不已,甚至不再感到震惊!

青少年心理问题究竟有多么严重?最近,我和王丹凤老师在我的个人微信公众号上展开了一次关于青少年心理抑郁的问卷调查。调查从本月16号开始,于次日晚上12点截止,短短两天时间,收到有效调查样本21550份,覆盖全国28个省(区、市)。参与问卷调查的人员中,男生为11627人,占比54.0%;女生为9923人,46.0%。

从调查结果来看,在导致青少年心理抑郁的各种因素(多选题)中,选择"升学压力"的人最多,人数为11779,占比54.7%;其次是"父母期望",人数为9386,占比43.6%;再者是"学校考试评比",人数为8614,占比40.0%;选择"教师言行""人际交往"与"成长困惑"的人数相对平均,分别为4027、4729、4096,分别占比18.7%、21.9%、19.0%。可喜的是,31.2%的青少年认为以上各项因素都未曾引发自己的焦虑或抑郁。

此外,3.0%的青少年选择了"其他",并在这一选项下详细描述了影响自己心理状态的具体因素。

1. 与家庭有关的因素:(1)父母太忙,没有时间陪伴自己;(2)父母总是贬低自己,自己缺少鼓励;(3)父母长期打骂自己;(4)与父母之间的关系很差,无法沟通;(5)父母关系不好,时常吵架;(6)父母管得太严格;(7)家庭经济状况不好;(8)亲人去世……

2. 与学校有关的因素:(1)作业难度较大,担心完成不好被老师惩罚；（2）题目不会做，有时要留下来改很多错题；（3）作业负担过重，每天只能睡五六个小时；（4）老师冷言冷语，言行不一；（5）发现自己不如以前那么优秀；（6）学习成绩下降；（7）学习环境太过内卷，压力太大……

3. 与个人或同伴有关的因素：（1）对自己要求过高，考不好有负罪感；（2）缺乏自信，认为自己一无是处；（3）无法自我突破，担心结果不尽如人意，害怕失败；（4）不会进行时间管理，时间不够用；（5）容易产生容貌焦虑、身材焦虑、情感焦虑；（6）受到他人的讥笑或言语攻击；（7）对未来的人生选择感到迷茫；（8）受到霸凌，产生心理阴影……

出现焦虑或抑郁状态的青少年会向谁求助呢？选择"向好友倾诉"的人最多，有13845人，占比64.2%；其次是选择"向父母求助"，人数为10256，占比47.6%。由此可以看出，青少年陷入困境时，情感上会本能地向同伴或父母倾斜。而选择"与教师交流"和"向心理专业人士咨询"的人却不多，占比分别为16.2%、10.6%。

参与调查的孩子都是匿名的，他们的呼声震耳欲聋，每一声都是泣血的呼唤。我们在课堂上给他们讲那么多大道理，却不回答他们真正关心的问题，他们的精神快要窒息了。

无可否认，中国的教育进步是显著的，经过40年的努力，我国的教育规模已经跃居世界首位。去丹麦、美国、日本以及其他国家考察时，我发现，就中小学校教室的美观程度而言，世界上没有哪个国家比得上中国。我们现在可以骄傲地说，我国中小学校的校园建设是世界一流，甩发达国家不知多少条街！这是进步。但从为人的标准来看，我们的教育离培养理想的人的教育，还有不小的差距。

教育本身就具有社会功能，在特定的历史背景下会呈现明显的功利性，比如我们 1977 年考大学，当时教育的目的就是为国家追赶世界强国培养人才，我们就是为国家而奋斗。但今天，我们在继续为国家培养人才的同时，还要平衡人自身的发展与幸福。

我们要把怎样的"人"奉献给未来的中国？这是每位教育工作者、每个普通教师都要思考的问题。未来中国需要的是具有高尚的人格、聪慧的大脑、卓越的创造力，并且勇于担当的现代公民。实现这一切的前提是，学生的身体必须健康，心理必须强大。所以，如果学生睡眠不足，视力下降，身体羸弱，那么教育管理者吹嘘的所谓教育创新、课程改革、学校管理等成就都等于零，一点意义都没有。为什么？因为人是教育的最高价值！（掌声）这也是我们举办这个论坛的宗旨，无论如何，学生首先应该是一个心理健康的人。

虽然讲了这么多，但如果我这次来只讲这些，那无非是替大家吐槽。大家都看见问题所在了，关键在于怎么做。"怎么做"的话题太大了，就算给我一个月，我也想不到那么多，也讲不透。所以今天我只简单讲几点，从三个方面来讲，第一是国家层面，第二是教师层面，第三是家长层面。我尽量讲简单一些。

先说国家层面。大家从我的调查数据中能够看出，学生的焦虑大多源自中考或高考的升学压力。很多老师也这样说：

"升学政策不改，我也没有办法！"的确是这样的。

因此，我提出以下建议：

第一，改革并完善高考制度，为学生开辟多条人生通道。

从理论上说，我国学子现在并非只有高考这条出路，我们还有高等职业院校和中等职业学校。也就是说，我们在教育上是有"立交桥"和"多车道高速公路"的，但大家依旧会去挤高考这座"独木桥"。

所以，我们要完善现有的一些制度，尽可能地为孩子提供多种求学与成才的渠道。不久前，我去日本静冈县的星陵中学校考察教育。星陵中学校对高中学子进行分层培养，分成两个层次，并为他们提供不同级别的升学指导。针对那些意在冲刺一流大学的精英学生，学校会为他们开设相应的课程。而一般的学生只需要学习普通学科，他们的目标就是读一般的专科学校或职业类学校，当然也可以考普通大学。

2022 年，日本的大学（本科）入学率只有 56.6%，与中国相比，日本的大学生并不算多。而那些没有升入大学的学生也能接受其他高等教育，比如短期大学和专门学校。从这些学校毕业后，学生的就业率能够得到基本保障，所以多数学生并没有考学的迫切需求。既然都可以找到工作，何必抢着上大学呢？

第二，给学生一个心灵驿站，这是针对中考的学生而言。

现在的孩子从小学开始就被升学压力逼着往前跑，一直跑到高考，高考结束后便撕书发泄，进入大学后才稍微松一口气。

我觉得丹麦的做法值得借鉴。丹麦的中学在九年级之后设置了青年学校，也叫十年级。如果九年级毕业后，学生还没想好下一步怎么走，或者说不想马上就读高中，那么可以去青年学校待一年。青年学校也提供文化课学习，为那些之后准备读高中的学生打好基础。而那些对未来感到迷茫的学生，在青年学校也可以参加许多文体活动，比如体育、音乐、美术、电子竞技等，充分思考自己未来的发展方向，再做分流的选择。当然，这么做需要投入大量的资金，国家能否加大教育投入是核心所在。

再说教师层面。关于教师，我只说一点，就是我们每个老师都要把自己当作小孩，要用儿童的眼睛去观察，用儿童的耳朵去倾听，用儿童的大脑去探寻，用儿童的情感去热爱，要善于倾听孩子的心声。如果每个学生都能遇到愿意倾听的家长、愿意倾听的老师，他还会封闭自己的内心吗？显然不会的。

前提是教师要具备同孩子一样的精神世界，如同陶行知先生反复说的那样，只有变成小孩，我们才能做孩子的先生。很多教育者都说"有好的关系，才有好的教育"，好的关系应该是水乳交融的，如陶行知所言，我们应该忘掉自己是先生。

还有一句话，是我经常对班主任说的，也是我做班主任工作的诀窍："多搞活动，多谈心。"多搞活动，是为了营造一种温馨、和谐的班级氛围，让每个孩子都喜欢自己的班级。毕业多年的学生曾经来看我，说："李老师你教我们的时候，我们天天盼着上学!"每天盼着上学的孩子,他会抑郁吗?我为他们的中学时代增添了许多温馨的回忆,这是最令我自豪的事情。

"多搞活动"是针对集体而言,"多谈心"则是针对个体而言,两者缺一不可。我当班主任的时候特别爱和学生谈心,随时听他们诉说。我还有一个做法就是写信,给全班同学写,和每一个学生保持书信往来。他们也会给我回信,我们通过书信倾听对方的心声。

总之,我们要成为学生最信任的人。每个老师一定要努力做到,让学生在出事时首先想到的就是教他的"张老师""王老师""刘老师"等等。我们也要时刻记挂学生,想想我的学生此刻在想什么。

教师一定要有儿童视角。什么是儿童视角?我不做学术上的解释,只引用一段话来说明,这段话是苏霍姆林斯基说的:"一个好教师意味着什么?首先意味着他是这样的人,他热爱孩子,感到跟孩子交往是一种乐趣,相信每个孩子都能成为一个好人,善于跟他们交朋友,关心孩子的快乐和悲伤,了解孩子的心灵,时刻都不忘记自己也曾是个孩子。"

这段话深刻、朴素且感人。我特别赞赏陈老师刚才所说的"爱不是药"。是的,爱不是药,爱是营养,是人不可缺少的营养,是内在的,是从内心生长出来的。

最后讲家长层面,我要对家长提两个建议。

第一,做孩子的知心朋友。家长对孩子要尽量做到每天有"一席话""一段路"和"一盏灯",也就是和他聊天,陪他散步，以及灯下共读。此外，家长要与孩子平等地相处，让孩子把你当作他最信任的人。当孩子愿意和你说悄悄话的时候，你的教育就走向成功了。如果你的孩子始终向你敞开心扉，你就不用担心他出什么事。关键在于，你是否和孩子建立了这种互相信任的情感关系。

第二，接受孩子的平凡，别逼着孩子出类拔萃。当然，很多家长可能都做不到这一点。孩子为什么焦虑？是因为很多时候家长在焦虑，家长给孩子定下很高的目标，又担心孩子考不上理想的学校。那么，家长能不能接受一个平凡的孩子呢？为什么要逼着孩子出类拔萃呢？为什么邻居家的孩子考北大，你的孩子也必须考上清华呢？你是为孩子着想，还是为了自己的面子？无论孩子现在的表现是好是坏，成绩是优是劣，他将来都拥有不止一百种可能。想通这几点之后，人瞬间就释然了，就不会那么焦虑了。

我们要把怎样的人奉献给未来的中国？我的答案是，要把健康、善良、有智慧的公民奉献给未来的中国。

我经常对我的学生说："健康、善良、有智慧，一辈子能做这样的人就很了不起了。让人们因你的存在而感到幸福，你自己也就幸福了。"这不是很好吗？这就是我们应该奉献给未来中国的人。

我曾经教过很差的"后进生班"，那个班的孩子后来个个有出息。有一次聚会，一个学生说："李老师应该感到欣慰，毕业27年，我们班没有一个人进监狱。"我想，只要学生没有进监狱，我就该为之骄傲？但仔细想想，他们说得也对，当年不少老师都认为他们是"学渣"，未来会变成"人渣"。可如今，他们之中不乏工程师、公务员、小学教师、医生、企业老板……大家都成了自食其力的劳动者，并且能够回馈社会，当然令我骄傲！

时间不多了，我最后讲一个女孩的故事。她的成绩只能算中等，后来去了高职院校学护理专业。今天早上，我发信息问她现在在哪里，她说她如今在医院做实习护士。我说："李老师会祝福你，会永远关注你的成长！"这样的孩子不也一样是我的骄傲吗？为什么只有考上名校的学生才能成为老师的骄傲呢？

如何才能产生美好的教育？我的结论是，只有当人与人生命交融，倾听彼此的心跳，感受彼此的脉搏时，美好的教育才可能出现。

谢谢大家！

语文课堂
应该是怎样的？

2023 年 11 月 17 日，"中国语文·教改博物馆"开馆仪式暨语文教改经验交流会在江苏省盐城中学举行。这是我的发言。

　　成为一名语文教师，是这辈子最令我感到幸运的事。尽管后来我也有各种各样的头衔和称呼，但我一直认为自己就是一名中学语文教师或班主任。

　　从教四十余年，回首作为语文教师的成长历程，我首先要感谢叶圣陶先生、吕叔湘先生和张志公先生。我刚参加工作时，三位先生还健在，我作为一个初出茅庐的普通教师不可能与之相识，但他们的语文教育思想确实影响了我早期的语文课堂以及后来的语文人生。此外，我还要感谢于漪老师和钱梦龙老师，他们对我的持久关心、支持和帮助，使我不断成长。今天早上我还专门给于老师打电话，向她致以问候和敬意。但钱梦龙老师的电话却一直没有打通，上次打电话他也没接，令我不免担忧他的身体，但愿钱老师健康。

　　放下电话我不禁感慨，历史就是这样由一代又一代人接替创造的，我们怎么才能将老一辈语文教育大师的精神、思想和智慧传承下去？我觉得，我们最应该继承的是于漪老师和钱梦龙老师那一代人的人格、学识和文化胸襟。我曾经说过，和老一辈大师相比，我们连学者都谈不上。这不是谦虚，很多年前我就对程红兵说："我们其实是半文盲的一代人，整个中小学都在历史动荡中度过，没读什么书，直到改革开放才接触到一点儿真正的文化经典。我们既没有老一辈的学问功底，又没有下一代的新锐思想。"

真正的知识分子应该有大视野，心中要装着天下，要站在人类文明的精神高地俯瞰我们的每一堂课。傅雷在《傅雷家书》中对儿子傅聪说："先为人，次为艺术家，再为音乐家，终为钢琴家。"根据这个逻辑，我对自己说，当校长时也对老师们说："先为人，次为知识分子，再为教育者，终为学科教师。"

我明天还有一个以数字化教育为主题的演讲，由此我也想到了语文教育。

我认为，在数字化时代，语文课堂更应该充满人的气息。所谓"智慧课堂"，其智慧应该在人，而不是机器。这么说并非守旧，我也不是保守的人，几十年来我一直领潮流之先。20世纪80年代盛行电化教学，为学校配备语音实验室，我是第一个推行的。我还是最早接触互联网的老师，并率先用电脑写作，论打字速度几乎没有老师能赶上我，退休后还被很多人戏称"名副其实的网络达人"。由此可见，我并不是一个拒绝信息技术的人，但我依然希望老师们警惕"数字化"对语文教育中"人"的吞噬，我们要力求用一支粉笔让语文课回到古典时代。

语文课堂应该是怎样的？20世纪90年代中期，我应杂志社之邀撰写过一篇卷首语，在这里我想朗读这篇旧文的片段，表达我的语文课堂教学主张，也算是我对自己语文青春的回望。

就我而言，上得最好的语文课，是我给学生读小说、诗歌、报告文学等课外读物的时候，或把自己的思想情感通过课文倾泻出来的时候。而在学生的心中，这样的语文课也是他们最盼望、最神往的。不必死记硬背"我和白求恩同志只见过一面，后来他给我来过许多信"之类的"名句"，不必苦苦琢磨"'圆规很不平'究竟是借代还是借喻"之类的修辞手法，不必惦记着"这篇课文是高考（或中考）的重点"之类的提醒；有的只是心灵的舒展、情感的流淌和思想的奔涌！

…………

语文课应该激情飞扬，不能只有词语解释和语法分析，而缺乏对学生心灵的抚慰或激荡。朱自清沉醉于牧童短笛所吟唱的春日赞歌，老舍迎着冬天的阳光所描绘的济南水墨画，毛泽东在黄土高原上对着北国风光所抒发的壮丽情怀，苏东坡屹立长江之滨所挥洒的万丈豪情，以及梁衡散文的诗情画意、沙叶新随笔的妙趣横生、邵燕祥杂文的理性启蒙……都应该汇入语文课，要么如清澈的小溪一般流过学生的精神原野，要么在学生心灵的大海上掀起滔天巨浪！

语文课应该启迪思想。聆听恩格斯面对马克思英灵所发表的不朽演说，我们仿佛可以感受到马克思"思考一切"的深邃目光；而一篇《福楼拜家的星期天》，唤起了我们对思想沙龙、精神对话多么热切的憧憬与向往啊！在语文课上，我和学生曾追随鲁迅解剖自己，与余秋雨一起在文化苦旅中捡拾、磨洗文明的碎片，与傅雷一起思考艺术和人生。我们甚至让梁晓声、张承志、王小波等善于思考的作家"走"进课堂，让他们彼此之间展开思想交锋，同时和我们进行思想碰撞。

语文课应该青春洋溢。亚米契斯的《爱的教育》、王蒙的《青春万岁》、张洁的《沉重的翅膀》、毕淑敏的《送你一条红地毯》、杨东平的《城市季风》、郁秀的《花季·雨季》以及舒婷、北岛、顾城、海子的诗歌……这些紧扣学生心灵和时代脉搏的作品，总能让语文课散发出青春的气息，让我和我的学生沐浴着青春的阳光和时代的雨露。学生从中读到了自己，也听到了中国前进的足音。师生之间共同的感触，平等而充满活力的情感交流与精神对话，让我找回了自己年轻的心。

我不止一次地庆幸自己是一名教师，与青春同行使我的心永远年轻；我特别庆幸自己是语文教师，能用一双"文学的耳朵"随时倾听"花开的声音"，并将这种世界上最美的声音用文字表达出来。

数字化时代的
教育与人的价值

2023 年 11 月 18 日至 19 日，以"推进教育数字化，推动基础教育高质量发展"为主题的第一届全国基础教育数字化论坛暨明德云学堂 2023 年学术年会在北京国家会议中心举行。这是我在该论坛上的演讲。

王文湛司长刚才的演讲，高瞻远瞩，思路清晰，表达也非常严谨。我无法与王司长相比，我就是根据自己的感受，就这次大会的主题"数字化教育"和"高质量发展"，发表一些浅显的看法。

20世纪50年代，正值而立之年的苏霍姆林斯基曾预言，21世纪将是"人的世纪"。现在我们已经来到21世纪，历史证明了苏霍姆林斯基的不朽。尽管我们已经进入数字化时代，这个命题依然没有过时。

我们在很多学校都能看到"一切为了孩子，为了孩子的一切，为了一切孩子"的标语，毫无疑问，这句话是永恒的，它昭示了教育指向的始终是人。王文湛司长说我国教育已经经历了数次革命，我想无论经历多少次革命，无论是当今的班级授课制还是古代的私塾，教育的功能都是为人的成长服务，为社会进步服务。彭凯平院长刚才说，数字化将给教育带来翻天覆地的变化。我想，就教育方式、教学内容以及课堂形态而言，教育的确将发生翻天覆地的变化，但教育的本质不会有什么"翻天覆地"的变化，教育永远要彰显人的价值。

这次论坛的主题是"数字化教育"，刚才有嘉宾说，数字化为教育的高质量发展提供了有力的支撑。那么，我先问两个朴素的问题。

第一，"数字化教育"意味着什么？

我想答案不必多言，就是意味着教育手段的更新、教学内容的丰富、个性化学习的实现。尤其是个性化学习，在大班教学的背景下很难展开，而数字化技术为满足不同学生的需求提供了可能性。

有人说数字化不过是手段的更新。但我要说，哪怕只是手段的更新，有时候也会促进观念的更新以及新事物的诞生。

举个例子，战马最初的用途是拉战车，仅仅是将士兵从一个地方运到另一个地方作战。那时候的人无法想象，士兵怎么能在马上作战呢？摇晃，不稳，也不安全。但后来马镫出现了，士兵骑在马上也能平稳而灵活地作战，于是新的兵种——骑兵诞生了，新的战争形态也应运而生。当年蒙古人称霸世界，横扫欧洲，正是得益于所向披靡的骑兵。你们看，工具的变化不仅促进了观念的更新，还带来了一场革命。

我再以教学形式为例说说个人的体会。早年执教时，我也希望学生能够在课堂上多讨论、多发言、多互动，但是我的时间不够啊，板书都要占用不少时间。到了80年代后期，幻灯机开始普及，我把板书写在纸上，通过幻灯机投映到墙上。后来又出现了电子幻灯片，为我的教学节省了时间，学生在课堂上才有充分的时间展开讨论。大家看，随着电子幻灯片的出现，我的课堂形态发生了多么大的变化，这不就是工具对教学形式的影响吗？

第二，"高质量发展"意味着什么？

我们现在提倡"高质量发展"，大概是因为习近平总书记曾说过，"中国经济已经由高速增长阶段转向高质量发展阶段"。与经济发展相适应，教育自然也应该追求"高质量发展"。

那么，教育的高质量发展是什么呢？其实就是八个字：立德树人，全面发展。立德树人，是国家对教育的要求；全面发展，是每一个人的需求。

现在来看，数字化的确为教育的高质量发展提供了有力的支撑，那么数字化教育的积极意义在哪儿呢？2019年，习近平总书记向国际人工智能与教育大会致贺信时已经说得很清楚，"中国高度重视人工智能对教育的深刻影响，积极推动人工智能和教育深度融合，促进教育变革创新，充分发挥人工智能优势，加快发展伴随每个人一生的教育、平等面向每个人的教育、适合每个人的教育、更加开放灵活的教育"。

我注意到这段话中有几个关键词句："伴随每个人一生"，即终身教育；"平等面向每个人"，在过去可能只是美好的愿望，而今却可以变成现实；"适合每个人的教育"，是指数字技术让个性化学习得以实现；"更加开放灵活"，体现了教育方式与学习方式的变化。这一切都指向了人的发展与幸福。

我想再次强调一下，教育最终指向的是人的发展与幸福，而不是指向数字，指向机器，指向手机，指向黑板或白板。

在数字化时代，我要提醒各位的是，教育要警惕"人的失落"。我们现在的教育有没有出现"人的失落"的情况？

大家想必都听闻了前不久顾明远先生在一场学术论坛上的呐喊，嘉宾席上的顾明远先生突然站起，慷慨激昂地说："要有教育的良心啊！考试成绩并不决定孩子的一生，我们要考虑孩子一生的成长，考虑我们国家的长远发展！我们的教育要有点良心，教育工作者不能搞功利主义!"

今天，我们要格外警惕，在"高质量发展"的旗号下，不要让"数字化"成为教育的负担，不要忘记教育的初心，让原本温馨、美好、快乐的教育变成一种残酷的竞争。所以，顾明远先生才会说"教育要有点良心"，尤其是在我们这个时代，我觉得我们要回望一下自己的初心。

无可否认，改革开放以来，中国教育取得了举世瞩目的进步，这是有数据支撑的。前教育部部长陈宝生，在其文章《中国教育：波澜壮阔四十年》中写道："经过 40 年努力，目前我国各级各类学校 51.4 万所，在校生 2.7 亿人，教育规模位居世界首位。学前教育三年毛入园率从 10.6%提升到 79.6%，小学学龄儿童净入学率从 94%提升到 99.9%，初中阶段毛入学率从 66.4%提升到 103.5%，高中阶段毛入学率从 33.6%提升到 88.3%，高等教育毛入学率从 2.7%提升到 45.7%，均达到或超过中高收入国家平均水平。"

即使从高考升学率的角度来看，在我参加高考的 1977 年，高考录取人数是 27.3 万，录取率约为 4.8%；而到了

2022 年，高考录取人数是 1014.5 万，录取率约为 85.0%。

从物质的角度或数字的角度来看，中国教育的进步的确很大。但换个角度再看，比如和 40 年前相比，孩子们的作业负担是更轻还是更重了？孩子们的体质是更强还是更弱了？孩子们的睡眠时间是更多还是更少了？孩子们的想象力是更丰富还是更贫乏了？孩子们的创造力是更强还是更不足了？近视眼的孩子是更少了还是更多了？

从人文关怀的角度来看，中国的教育水平很难说跟上了经济发展的脚步。

王文湛教授作为教育部原基础教育司司长，有资格给在座的各位局长、校长提建议。我没有这个资格，但也想提一点个人的愿望，我真不希望看到在各位局长、校长宣传改革成果、课程开发、学校发展的时候，你们的孩子、你们的学生直到晚上 12 点才睡觉。如果你的学生视力下降、睡眠不足、身体虚弱、心理不健康，你吹嘘再多的教学成果，都等于零。因为"教育要有点良心"，因为人才是教育的最高价值。

我们再来讨论一下"智慧课堂"，现在大家都爱说"智慧课堂""智慧校园"，我一直对这种说法表示怀疑。"智慧课堂""智慧校园"，究竟是谁的智慧？

我查了查相关资料，所谓"智慧课堂"，是指以建构主义学习理论为依据，利用"互联网+"的思维方式和大数据、云计算等新一代信息技术打造的智能、高效的课堂。也就是说，这样的课堂是智能而高效的。这一概念最早出自一家软件公司，是该公司开发的一个信息化课堂教学服务平台的名称。所以我感觉"智慧课堂"的说法带着浓厚的商业气息，好像不用这个软件，教师的课堂就没有智慧似的。

我们姑且采用"智慧课堂"的说法，被称为"智慧课堂"的这个平台，毫无疑问是有积极意义的，它代表着教学手段的更新。我从不否定手段更新的意义，我更不是反对数字化的，我只是希望我们在引入新的教学手段时能够保持清醒。这种课堂模式将现代信息技术引入传统课堂，实现了教育资源的共享，创设了有利于协作交流的学习环境，有助于学生追求符合个体成长规律的发展。无论如何，这都是教学方式的一次革命性转变，是值得赞赏的。

但用"智慧课堂"来命名这种课堂模式则是有待商榷的。"智慧课堂"的"智慧"究竟是来源于人，还是出自机器？

智慧是人所特有的一种能力，是人所具有的基于物质器官的高级思维能力，包含对自然与人文的感知、记忆、理解、分析、判断、思考等所有能力。这一系列的能力，是人的大脑所独有的。手机和电脑本身有智慧吗？它们的功能都是人赋予的。虽然现在出现了人工智能，但无论它以怎样的方式呈现，比如外形足以乱真且能够模拟人脑思维活动的机器人，其智能都是人赋予的。

我想到马克思曾用过的一个词——"异化"，我们常常误解这个词的意思，以为一种东西变成另一种东西叫"异化"，这至少不是马克思的原意。马克思所说的"异化"，是指人创造了某种事物，却反过来受到该事物的奴役。我们千万不要让"数字化"奴役了自己。

"智慧课堂"的说法至少有两点不妥。第一，这一说法会使人误以为"智慧"是由数字技术带来的，没有数字技术的课堂就没有智慧。这显然不对，数字技术出现之前的那么多年，老师们上那么多课，难道都没有智慧，都白上了？第二，这种说法说得好像所有课堂都必须基于"数字化"，必须登录某些平台，使用某些软件，否则教师就不能上出一堂有智慧的课似的。这显然也是荒唐的。

我完全赞成著名学者储朝晖在其文章《不能把教育数字化忽悠成"智慧教育"》中的观点："鼓吹工具的智慧必然造成对目的的遮蔽，是对现实中的鲜活的、主体性的人格和智慧的忽视，这必然造成对一部分原本存在智慧的人的伤害，这个过程与教育和成人的目标、逻辑是完全相背离的，将使用信息技术的教育称为'智慧教育'极为滑稽。现实中已经出现由此受到伤害的例证。"

一线教师是如何看待所谓的"智慧课堂"的？前段时间我和株洲的王丹凤老师一起开展了一次匿名的问卷调查，这里给大家说说部分调查结果。

面对"您对'智慧课堂'教学系统的掌握程度"的提问，表示"非常熟悉各项功能和操作"的教师占比为8.0%，表示"基本熟悉各项功能和操作"的教师占比为58.4%，表示"不了解基本功能和基本操作"的教师占比为33.6%。由此可知，精通"智慧课堂"操作的教师不到10%，约一半的教师只是基本熟悉"智慧课堂"教学系统。

在"您认为'智慧课堂'教学模式的优势有哪些（可多选）"的调查中，选择"有丰富的资源库，能满足教师的教学需求，让教学更轻松"的教师最多，占比为81.6%；其次是"'智慧课堂'将技术与教育融合，能突破传统课堂面临的种种困境"，占比为73.7%；再次是"'智慧课堂'能进行数据分析，帮助教师充分了解学情并精准施教"，占比为71.4%。"满足学生的个性化学习需求"和"提高学生的参与度"这两个选项的占比相对较低。

在"您认为'智慧课堂'教学模式的弊端有哪些（可多选）"的调查中，教师对于"'智慧课堂'需要频繁使用电子产品，对学生视力的影响很大"反映最强烈，占比为65.9%；其次是"学生对网络产生依赖性，容易分心"和"'智慧课堂'设备需要维护、更新，网络支持很难跟上"，占比分别为61.7%、60.8%；"'智慧课堂'的设备成本太高，很难全面普及推广"和"'智慧课堂'过于强调信息技术的运用，影响师生、生生正常的人际情感交流"也是教师普遍反馈的问题，占比分别为55.6%、48.8%。

在"您觉得'智慧课堂'对教学是否有帮助"的调查中，排在首位的是"对教学有一定帮助"，占比为60.6%；认为对教学有明显帮助的，占比为25.8%；认为对教学没有明显帮助的，占比为4.8%；认为影响正常教学、增加教学负担的，占比为4.6%；认为可有可无的，占比为4.2%。由此可知，在条件允许的情况下，大多数教师会选择性地使用

"智慧课堂"的部分功能。

在"将'智慧课堂'与传统课堂对比，您认为哪个效果更好？"的调查中，过半数的调查者认为"智慧课堂"效果更好。

这就是我们调查的部分数据。需要说明的是，由于时间比较紧迫，参与问卷调查的一线教师只有 1410 人，调查样本不是太多，仅供大家参考。

关于在教育领域中，机器能否取代人的问题，我想在座各位都会说："肯定是不能取代的！"但我的观点是，未必不能取代。机器能否取代人，则要看你是如何理解教师这一职业的价值的。如果仅仅是为了传授知识，那么教师为什么不可以被取代呢？

关键在于，教育仅仅是传授知识、培养技能吗？当然不是。教育的本质与心灵、精神、情感等密切相关，而这些都是机器所不具备的。

陶行知说："真教育是心心相印的活动。"苏霍姆林斯基说："教育——这首先是人学。"雅斯贝尔斯说："教育是人的灵魂的教育，而非理智知识和认识的堆集。"大师们都将教育的本质指向了心灵。事关心灵的培育，怎么可能交给冷冰冰的机器？

我们常说教育要以人为本，这句话是对的，但我想更精确一些，应该说教育要以不同的人为本。人不是一个抽象的概念，不是集体概念，它是具体的个体。课堂真正的智慧就体现在"对独特性的独特关注"上，这句话不是我说的，而是来自加拿大学者马克斯·范梅南。他的原话是："培养和提高一个人的教育敏感性和教育机智就是在迎接这样一种挑战——针对不同的个体实施不同的教育行动。智慧的教育者形成了一种对独特性的独特关注，他们关注孩子的独特性、情境的独特性和个人生活的独特性。"

2018 年去丹麦考察时，我近距离观察过丹麦的课堂。那是一堂数学课，老师讲得少，都是学生在讲，授课老师走来走去，这儿说两句，那儿说两句，非常轻松自在。课后我与该老师交流，说："我真羡慕你们丹麦老师，上课多轻松！"她反问道："难道中国的老师不是这样上课吗？"我告诉她："中国的老师要备课，备课量很大。备完课之后去上课，40 分钟讲下来，话都不想说了。一些老师一天有好几节课。"她听了后说："不对，你们那样上课比我更轻松，我们这样上课对老师的挑战性更大。"我问："为什么？你们走来走去，和学生对话，感觉不用备课。我们备课的任务很重，怎么会更轻松呢？"她说："我每堂课都很紧张，我走来走去，是为了随时关注每个人的动态、表情，要注意学生的眼神，进而及时为他提供只对他有用的指导意见。"我一下子就明白了，她的学生不多，只有二三十个，但她上课时必须准备二三十套"教案"，并且是临时备课。如此一堂课下来，自然是很紧张的，因为她要随时关注每一个学生。这就是"对独特性的独特关注"，只有人具备这种智慧。

这里简单说一下我的教学观，那就是站在人性的高度看教育，站在教育的高度看教学，课堂离开了精神交流就不复存在，课堂的教学核心就是师生关系。

最近在外面讲课时，我多次引用《傅雷家书》中的一句话。傅雷对其子傅聪说："先为人，次为艺术家，再为音乐家，终为钢琴家。"以前当校长时，我也常对老师们说："先为人，次为知识分子，再为教育者，终为学科教师。"任何一位老师，如果只把自己当作学科教师，或者将教育理解为教学乃至"刷题"，就不是合格的教师。

什么是"站在人性的高度看教育"？可以借用雅斯贝尔斯的一段话来解释："所谓教育，不过是人对人的主体间灵肉交流活动（尤其是老一代对年轻一代），包括知识内容的传授、生命内涵的领悟、意志行为的规范，并通过文化传递功能，将文化遗产教给年轻一代，使他们自由地生成，并启迪其自由天性。"

什么是"站在教育的高度看教学"？要记住，教学永远是育人的一种途径。我们现在的教育途径越来越狭小，教育的内涵也变得贫乏。苏霍姆林斯基曾经说过，教学是教育这朵花上的一片花瓣。这句话非常形象，他的意思是，教育的德智体美劳是五片花瓣，缺少一片花瓣，这朵花就不完整。教学是其中一片花瓣，这就是"站在教育的高度看教学"。教学，除了要让学生掌握知识、形成能力，还要滋养其人格，培养其信念。

"若没有人与人之间的精神交流，课堂就不复存在"，这句话是什么意思呢？教育，关注更多的不是因果，不是规律，不是物性，而是价值，是精神，是人性。在教育实践中，教育者和被教育者的关系不是人与物的关系，而是人与人的关系。准确地说，教育者和被教育者必须融为一个整体。我常常想：教师这一职业和其他职业不一样的地方在哪儿？教师这一职业的重要特征之一，就是教师必须和他的工作对象融为一体。科学家搞研究，必须提醒自己不能和研究对象混为一谈，要保持冷静、客观，要观察。医生也是，面对活生生的人，医生得提醒自己不能感情用事，一定要冷静地观察，仔细地诊断，如果感情用事，那就完了。教师则是相反的，师生之间必须心有灵犀，精神契合，这才是教育。

"课堂智慧的核心是处理好师生关系"是什么意思呢？我认为在数字化时代，信息技术有助于建立平等的师生关系。老师们都说"有好的关系，才有好的教育"，那么什么样的关系才是好的关系呢？我认为，好的师生关系必须具备五大内涵，即蕴含教育，体现平等，持久稳定，彼此信任，互动成长。师生之间只有保持这样的关系，才能促成好的教育。老师们千万不要以为，与学生和谐相处、吃喝玩乐就是好的教育。

接下来，我想借用日本著名教育学者佐藤学的观点来谈谈这个问题。我去日本考察时见过佐藤学，我们互相赠书，他的著作《静悄悄的革命——课堂改变，学校就会改变》对中国一线教师影响很大。我不知道在座的老师是否读过这本书，如果没有读过，应该找来好好读读。

他在书中提出了"学习共同体"这一重要概念。"学习共同体"的内涵是什么？主要体现在三个关键词上，即"活动""合作""反思"。就是说，学生在课堂上一定要有活动，要动起来，并且不能只有外在的行动，大脑也得思考。"合作"说的是同伴之间、师生之间的学习合作。最后是反思，老师和学生都要反思。

我特别欣赏佐藤学对"关注个体"的描述，他说："在教室里并不存在'大家'，存在的只是有自己名字和容貌的一个一个的学生。即使在以教室中的全体学生为对象讲话时，也必须从心底里意识到，存在的是与每个学生个体的关系。"也就是说，在课堂上，教师的眼睛里没有整体的"同学们"，有的只是具体的"王晓娟""张小勇"等一个一个孩子。即使是在教室中对全体学生讲话，教师也必须从心底里意识到，自己面对的是各有特点、各不相同的学生。

佐藤学为"学习共同体"提供了两种教学方式。第一种是"服装剪裁"式的教学，他说："像按照每个人的身体尺寸量体裁衣那样去对应每个学生的个性，创造课程。"也就是说，要根据不同学生的需求提供相应的服务。丹麦那位老师其实就是这样做的，学生适合穿什么样的衣服，就为学生剪裁制作什么样的衣服。第二种是"交响乐团"式的教学，"好像不同乐器的声音相互协调地鸣响而产生了交响乐那样，在教室里，各种各样的意见、想法相互呼应便产生了如同交响乐一般的教学"。佐藤学认为，"人与人交往决不是预成的、调和的、平平静静的。教室里的'交响乐团'也是如此，不可能总是和谐的声音，常有不协调的声音伴随着，这才是自然的"。这个比喻非常好，有思想上的碰撞，才是真正好的课堂。

关于课堂师生关系，我曾经也打过比方。假如把课堂教学比作"就餐"，那课堂上的师生关系就经历了三种情形。

第一种是"灌"与"被灌"的关系。教师觉得某种食物对学生来说非常有营养，便竭尽所能地"满堂灌"，只担心学生吃不饱，全然不顾学生是否有食欲，也不管学生是否消化不良。当然，也有一些手段"高明"的教师，他会将食物咀嚼得很细碎，一点一点地喂给学生，这就叫"填鸭式"。

第二种是"启发"与"被启发"的关系。教师不是直接将食物喂给学生，而是把食物摆在学生面前，用各种美妙的言语让学生明白眼前的食物是多么富有营养，多么可口，以此激发其食欲，使他们垂涎三尺，然后争先恐后地自己动手来取食物，再狼吞虎咽地吃下去，这就叫"启发式"。

第三种是平等互助的关系。面对美味的食物，师生共同进餐，一边品尝一边畅谈各自的感受，分享大快朵颐的乐趣。在共享的过程中，教师当然会以自己的行为感染学生，但更多是和学生平等地享用，平等地交流。他不会强迫学生和自己保持同一口味，允许学生自己评价各种佳肴。在愉快的共享中，师生都得到营养，都获得满足，这就叫"共享式"。

其实我的思想还不够解放，还有些落后，我们所倡导的不应该只是师生一起"就餐"，更应该一起"下厨"，甚至是一起去大自然中寻找"食材"。师生一起发现问题，一起开展研究性学习、项目式学习，形成课题。能够一起"下厨"，就是最好的师生关系，但此过程中必须有人的智慧。

本来想给大家讲三个课堂小片段，一是《琵琶行》，讲教师如何对待学生的不同看法的；二是《故宫博物院》，讲教师如何处理突发情况的；三是《在马克思墓前的讲话》，讲教师如何面对"敏感问题"的。处理这几种情况所需要的智慧，都不是机器所具备的，必须是人的"急中生智"。但时间不多了，我简单讲讲第二个吧。

《故宫博物院》是我们学校一位老师的案例。她给学生讲《故宫博物院》的时候，问了一个问题："世界上有著名的四大宫殿，同学们知道是哪四座宫殿吗？"只有一个小女孩举手，说道："老师，我知道一个，故宫。"小女孩很聪明，老师正在讲《故宫博物院》，那肯定有故宫嘛！老师表扬道："说得好，还有呢？有没有知道另外三个的？"

一个男孩突然大声地喊道："还有子宫！"孩子们哄堂大笑。有的老师遇到这种情况，可能会斥骂那个男孩："哗众取宠！"但骂完之后这课要怎么上呢？原本美好和谐的课堂氛围已经被破坏了。当然，这个老师可以装作没听到，继续上课，可是全班同学都笑了，你却没有听到，怎么可能？

当时，班里学生都不说话了，静静地等待着，等着看老师怎么处理。

那位女老师太机智了，她很快镇定下来，问："哪位同学说的？"那个小男孩知道自己闯祸了，站起来红着脸说："是我说的。"老师走过去说："你的回答完全正确！"

我讲到这里，有些人可能会说："这就是廉价的赏识教育嘛！即便说错了也要予以肯定！"的确，有的老师为了讨好学生，在学生说出"3+2＝6"时，还会表扬他："你的答案非常接近正确答案了！"可那位女老师的表态非常直接，明明知道学生是信口胡言，却说他"完全正确"。

我们且听听该老师接下来是怎么说的，她说："因为子宫是人类最伟大的宫殿！老师和你们，以及你们的爸爸妈妈，所有人都是在这个伟大的宫殿里孕育的。子宫代表了母亲，代表了生命，所以我们不能这么随意地谈论这座伟大的宫殿。"

女老师在这里显然偷换了概念，原本讲的是作为建筑物的宫殿，现在说的却是生物学的概念。但是，此处偷换概念是必要之举，其中既有自然而然的母爱教育，又有生命教育。她或许没有想那么多，却实实在在地展现了一种教育机智。当时教室里一片肃静，所有学生都安静下来，神态庄严，若有所思。

如果顺着那位老师的思路，这个问题似乎要进一步探究下去。但偷换概念也不能离题太远，课还要继续上。于是，她马上把思路拉回来，说："如果要进一步研究这个问题，那就是生物课的事了。等上生物课时，你再和生物老师探讨，好吗？好了，同学们，我们还是回到刚才的话题吧。"

三言两语，轻言细语，便平息了一场一触即发的冲突，教室里恢复了平静。这就是机智，这就是智慧，这哪里是机器能做到的？

充满人情味的课堂是什么样的？我至今还记得当年吴正宪老师在哈尔滨上课的情形，授课结束时，一个小姑娘抱着她说："吴老师，我想去北京听你的数学课！"这份感动是数字化教学给她带来的吗？不可能。还有王崧舟老师的课，王老师本身是一位谦谦君子，浑身散发着书卷气，为课堂带来了浓浓的文化气息，他的那种亲和力，远不是机器能够带来的。所以说，"智慧课堂"的"智慧"永远是来源于人的。

好的课堂应该既有意义又有意思。所谓"有意义"，是站在成人的角度说的，包含教师的使命、教育的目标、学校的课程、教学内容以及教学手段。所谓"有意思"，是站在孩子的角度说的，课堂要好玩，要有情趣，有感染力，让孩子或开怀大笑，或热泪盈眶，而这一切都是人赋予的。

永远不要忘了这句话——人是教育的最高价值！

谢谢大家！

你在哪里
失去了"她"?

2023 年 12 月 8 日至 10 日，以"教育高质量发展"为主题的中国教育三十人论坛第十届年会在北京举行。这是我在该论坛上的演讲。

　　我这个时候上来显然不得人心，因为现在已经过了十二点了，大家肚子都饿了。但这怪不得我，原本我被安排在第四位，第三位演讲者张志勇教授快结束时，我就提前到讲台边等着了。没想到马国川秘书长找到我，说已经把我调整到最后一个讲，要我压轴，当时我很是尴尬，好像自己急于上台表现似的。所以刚才明明轮到我了，我却故意坐着不动，要表现得矜持一些，等到主持人邀请，再从容地慢慢走上台。（众笑）

　　这是中国教育三十人论坛第十届年会，但并非论坛成立十周年，而是十虚岁，我们是 2014 年 12 月召开的第一届年会。在我之前演讲的那几位真的是大家，我是唯一来自基层的老师，虽然也当过几年校长，但的确来自一线。中国教育三十人论坛成立这九年来，对我的帮助很大，我因此结识了很多专家、教授，开阔了视野，所以特别感谢中国教育三十人论坛。

　　我有所成长，所以今天才有资格在这里和大家谈谈我的一些教育想法。

先看一张照片，这是我当校长后不久，到我校附属小学拍的照片。照片上，一年级的孩子正在过第一个儿童节，戴上红领巾的他们是多么兴奋啊！看着活泼可爱的孩子，我情不自禁地想，作为校长，我应该给他们怎样的教育？若干年后，他们会怎样回忆在这里读书的情景？让孩子们在这里快乐地成长，这就是我的初心。

我今天演讲的题目是《你在哪里失去了"她"？》。这个"她"，在汉语中不仅指女性，也指一些美好的事物，比如被称作"母亲河"的黄河，就常用"她"指代。而我所说的"她"，指的是教育初心，因此我演讲的副标题是"教育呼唤'人'的回归"。

回到这张照片上，孩子们是多么开心啊！他们刚上一年级，第一天去学校，是那么欢欣，那么憧憬未来。在座的专家、教授、学者，你们小时候不也是这样吗？

可为什么接受教育后不久，这些孩子都变了模样呢？每天晚上都要熬夜写作业，学习对他们来说是一件痛苦的事。我要说，给孩子施加压力、令其晚上不能按时睡觉的老师，恰恰都是好老师，都是"为了孩子好"的老师，也就是说，这些老师往往都是敬业的老师。所以我曾经说过，我们越是兢兢业业，越有可能破坏孩子本应幸福的童年。难道这些老师是有意破坏孩子们的幸福吗？不是的，他们都是好老师啊！我相信在座的各位，不少都是有孩子的，也都为孩子的现状而担忧。

不知从什么时候开始，学习几乎等同于"刷题"。杨东平教授刚才提到的"过度教育",就是特指"刷题"的教育,而不是真正意义上的完整教育。当教育只剩下"刷题",学校里便不再有学生,而只有考生,学校会变得功利化,教师会变得势利,只喜欢成绩好的学生。有一年,我在成都市的公交车上遇到几个学生,当时是晚上7点,他们刚放学,一路上都在写作业。我问其中一个孩子为什么在公交车上做作业,光线又不好。他说:"做一道,少一道。"我想,他的老师很可能是优秀教师。

大家都听过这么一句话:我们已经走得太远,以至于忘记了为何出发。"出发地"就是我们的初心。由于忘记了为何出发,教育者对学校里的种种不正常现象早已司空见惯。大家想必都见过学校举办的"高考冲刺""百日誓师"活动,在那些活动上,十五六岁的小姑娘看上去杀气腾腾,稚气未脱的小男孩摆出视死如归的架势。可怕的不是这种现象的存在,而是人们对这种现象的认可:"这很励志啊!人生能有几回搏?""提高一分,干掉千人"这样的标语堂而皇之地出现在教室里。为此,顾明远先生、杨东平教授都多次呼吁缓和教育竞争,构建和谐的教育。

高考结束后,孩子在做什么?在撕书本,撕试卷,欢呼……他们为高三终于结束而欢呼。我们的教育就这样培养出了不想读书的孩子,这不是讽刺吗?我们培养了一批又一批孩子,他们长大后却很少读书,于是我们现在呼吁建设"书香社会",以鼓励读书。我觉得很奇怪,读书不是一个人的正常习惯吗?为什么要鼓励呢?为什么不用鼓励人们吃饭呢？（众笑）因为，读书如今成了罕见之事了。

大家来看一段视频，是顾明远先生不久前在明远教育论坛上的讲话。当时主办方并没有安排他讲话，可他忍不住站了起来，大声疾呼："要有教育的良心啊！考试成绩并不决定孩子的一生，我们要考虑孩子一生的成长，考虑我们国家的长远发展！我们的教育要有点良心，教育工作者不能搞功利主义！"什么是教育的良心？教育的良心就是教育的初心。

面对天真烂漫的孩童，我们曾经都想予以呵护、尊重、扶持。但教育的初心是怎么失去的呢？我慢慢分析一下。

大家看这张照片，画面中年轻的女教师正和一个孩子互相问候，多么温馨，但并非每个孩子都能遇到这么体贴的老师。我读过一篇小学生日记，是这样写的："今天早晨，我走进学校向张老师问好，她却没有理我。"我想，没理学生的那位老师当时可能正忙着，她并不是一个坏老师。但是，如果该老师是在参加工作的第一天遇见那位小学生的，她会不理睬吗？

我想起自己刚参加工作时的样子，当时我在文章中写道："第一天踏上讲台时，我是那样的纯粹，没有功利心，不计较收入，没想过计算'工作量'，也没想过'教坛新秀''市级优秀青年''省级骨干教师'之类的名誉称号，想的只是怎样把眼前的这一堂课上好，怎样把眼前这群孩子带好。那时候，教育就是教育，而不是'荣誉'，不是'职称'，不是'论文'，不是'课题'……课堂上那一双双亮晶晶的眼睛，下课后那一声声无邪的笑声，就是我们全部的追求。"这几乎就是所有青年教师第一天上岗时的初心。

我至今还能回忆起第一天上班的情景，当时我走进乐山一中的校园，霞光漫天，我觉得天上的每一朵彩霞都是为我盛开的花儿。突然，一个声音响起："老师好！"因为是第一次当老师，我没反应过来，紧接着又响起一声"老师好"，我才意识到，这是在招呼我呀！我有些激动了，想到从此以后每天都能听到"老师好"，我便非常认真地对那个小男孩回礼："小朋友好！"这就是教育的初心。

可是再过几年，我们还会不会因学生问好而动情呢？还会不会认真地回一句"小朋友好"呢？说实话，我在日常生活中依旧坚持问候学生。但不少老师并非如此，再过几年，面对孩子们的问候，他能用鼻子哼一声就算不错了；再过十年，学生向他问好，他可能理都不理，像没听见一样。有一次我亲眼看到，一个老师对着迎面走来向自己打招呼的学生，竟然不耐烦地说："吵死了，一边去！"正是在这些细微之处，我们教育工作者的初心失去了。

我曾在文章中写道："时间一天天过去，我们从初出茅庐的青年教师变成了年富力强的中年教师，再变成德高望重的老教师。同样是带班，同样是上课，最初我们想的只是孩子们是否快乐，是否有收获，我们是否幸福，是否在成长。但现在我们变得越发功利，孩子在我们眼里不再是活生生的人，而是分数、名次、合格率、重点率、'一本'上线率等等。为了这一个个数字，老师们不惜上课拖堂、放学补课、罚站、请家长……此时此刻，老师还能说、敢说自己是'为了孩子'吗？"

讲到这里，无论是在座各位还是正在观看直播的老师，可能都会说："李老师，你怎么能怪一线教师呢？他们有什么办法呢？都是校长逼的！"的确，很多一线老师都会咬牙切齿地说："都是校长逼的！"他们可能也会对孩子说："孩子，不要怪老师心狠，我也没办法啊，做了十年教师，连中级职称都没拿到，校长逼我，我不得不逼你啊！"

的确不能责怪老师，老师很无奈。那么能责怪校长吗？

我要说，今天的每一位校长，何尝没有过一个美好的初心呢？哪一位校长不是怀着一颗纯正的教育之心进入校园的呢？每一位校长的心中，曾经都装着帕夫雷什中学。从当校长的第一天起，或者说从参与学校建设的第一个清晨起，他们的心里一定也有一个伟大的梦想。这个梦想可能源自陶行知的育才学校、苏霍姆林斯基的帕夫雷什中学、小林宗作的巴学园、尼尔的夏山学校……想到这些学校的时候，他们眼前呈现的一定是校园里活泼可爱的孩子和孩子脸上灿烂无比的笑容。

孩子的生命、快乐、成长曾经占据新校长的整个心灵。秉承着办学时的神圣初心——为了孩子，他们为学校确立了这样的宗旨："一切为了孩子，为了孩子的一切，为了一切孩子。"

是这样的吗？有些校长是这样，有的则未必。

我讲讲李希贵校长的故事。李希贵是我的铁哥们儿，我俩的名字发音相近，还闹过不少笑话。前几天我在一个地方讲学，一个老师上来就握着我的手说："李老师，我是读着你的书长大的！就是那本《学生第一》。"那是李希贵的书啊！我知道他把我当成李希贵了。我马上给李希贵发短信，写道：我今天当了一回你的替身。（众笑）

李希贵是我最敬佩的校长之一。2014 年，北京市十一学校的四名学生入选国际物理奥林匹克竞赛国家集训队，他们如果到美国参加奥林匹克竞赛，拿金牌的概率很大，这是十一学校历史上没有出现过的成绩。可其中三名学生找到李希贵校长，说他们不想去美国参赛，高二刚刚结束，他们已经通过物理竞赛拿到了清华和北大的保送资格，想利用高三这一年学习一些感兴趣的课程。李希贵校长同意了他们的请求，他认为没有什么比学生的快乐和幸福更重要。虽然十一学校可能因此失去几块奖牌，但是在李希贵校长的眼中，孩子的成长比学校的名气更重要。这就叫作没有失去教育的初心。

在一所小学里，一位充满爱心的女教师发现班上一个孩子的身上伤痕累累，她特别心疼，一问才知道是孩子父亲打的。于是那位女教师就去找校长，说孩子几乎每天都被父亲殴打，希望校长出面与家长沟通，避免孩子继续遭受家庭暴力。听完女教师反映的情况，校长的第一句话竟是："这件事等迎检工作结束后再说吧！"当时，该校正准备迎接一个规格较高的上级检查，事关学校声誉，校长怕"出事"。听说此事后，我特别生气，便在微信公众号上写文章批评那个校长。

由此可见，很多校长并没有真正地把孩子放在心上，当他们滔滔不绝地谈论"办学理念""教育规律""课程改革""课堂模式""国际视野""人工智能"等具有战略意义的宏大话题时，那些向他们迎面走来的孩子，一个个地消失在无尽的"理念"中。他们一门心思琢磨着"培养走向世界的现代中国人"，却把眼前"具体的人"忘记了！

这能怪校长吗？校长也说："我有什么办法？局长、厅长管着我呢！"

问题究竟出在了哪里呢？教育的初心是怎么不知不觉地丢失的呢？我们来捋一捋。

为了让孩子享受良好的教育，我们办起了漂亮的学校。有了漂亮的学校，还得有合理的课程，于是我们开发并设置丰富多彩的课程。学校还需要优质教师，教师要有高超的教学技能和精湛的育人艺术，于是我们开展教师专业职能的培训活动。为了提高教学质量，我们开展教育科研活动，于是公开课、技能大赛、论文评比渐渐兴起。为了便于检测教育质量，我们推进教育标准化工作，设定了指标，搞起了评比和排名。为了鼓励更多学校"办人民满意的学校"，我们设立了"示范学校""星级学校""新优质学校"等荣誉，让各个学校"创先争优"，相应地就有了各种"验收""督导"。

"办人民满意的教育"逐渐变成了"办领导满意的教育"。但是，这能怪局长、厅长吗？好像也不能怪他们，他们也有一肚子苦水，也要面对来自社会的压力。于是，一些人认为是社会绑架了教育，而另一些人则认为，教育当然要满足社会的需要。

这个问题的关键在于，人们对教育目的的理解有偏差。其实，局长、厅长也都想办好教育，但许多人就是认为教育要满足社会发展的需要。

我认为要从教育哲学的角度来思考这个问题，也就是要思考一下教育的目的究竟是社会本位的，还是个人本位的，又或是"对立统一"的？

从理论上看，教育史上本来就有社会本位论和个人本位论两种观点。社会本位论以杜尔凯姆、纳托尔普等人为代表，他们强调教育的目的在于让受教育者服从并适应社会需要，使受教育者社会化，保证社会生活的稳定和延续。个人本位论以卢梭、康德、施莱尔马赫、福禄贝尔等人为代表，他们主张教育的根本目的在于使人之为人的本性得到最充分、最完善的发展，因而教育的目的理应根据人的本性之需求来确定。

有人说不可走极端，最理想的做法是将社会本位与个人本位统一起来。我说，可以相对统一，但不可能绝对统一。为什么不能绝对统一呢？

第一，二者本身就不是同等价值。从根本上说，教育最终是指向人，社会发展的目的也是为了人，这一点我想大家是接受的，因为社会是由人构成的，社会发展的目的最终也是为了人。第二，如同"钟摆效应"，二者总是在特定的社会背景中有所偏向。"钟摆"不可能一直居中不动、保持平衡，而总是有所偏重的，这是不以人的意志为转移的。

所以，我特别欣赏杜威的一段话，并且经常引用："事实上，在不同的历史时期提出了大量的目的，这些目的在当时当地都具有巨大的价值。因为目的的叙述乃是一个在一定时间所强调的重点不同的问题，我们并不去强调不需要强调的东西——这就是说，有些东西已经很受重视，就无须强调。我们往往要求当时情境的缺陷和需要来制定我们的目的……在一定的时期或一定的世代，在有意识的规划中，往往只强调实际上最缺乏的东西，这并不是一个需要加以解释的矛盾。"

我重复一遍："在一定的时期或一定的世代，在有意识的规划中，往往只强调实际上最缺乏的东西。"我们习惯强调当下缺乏的事物，而如今我们的教育对人的关怀不够，因此我们要强调人的价值至高无上，强调教育的个人本位。

而我们国家曾经在一段时间里基本上是以社会为本位的，比如我们搞改革开放，是因为发现中国和发达国家的差距很大，必须奋起直追。那时候最常见的一句话是"多出人才，快出人才"，人要为国家、民族服务。但这是那个时代所需要的，有着时代的必然性。从这个角度讲，我充分理解"应试教育"的历史合理性，包括当时提出办重点中学和重点小学，也是因为国家教育经费有限不得不如此，否则所有学校都得不到发展。

但是今天，应该是教育回归"人"的时候了。

20 世纪 90 年代，国际 21 世纪教育委员会向联合国教科文组织提交了一份全球教育发展的报告，即《教育——财富蕴藏其中》，又被称作《德洛尔报告》。该报告提出"必须给教育确定新的目标，必须改变人们对教育的作用的看法。扩大了的教育新概念应该使每一个人都能发现、发挥和加强自己的创造潜力，也应有助于挖掘出隐藏在我们每个人身上的财富。这意味着要充分地重视教育的作用，就是说使人们学会做人，实现个人全面发展的作用，不再把教育单纯看作是一种手段，是达到某些目的（技能、获得各种能力、经济目的）的必经之路"。该报告特意重申了一个基本原则："教育应当促进每个人全面发展，即身心、智力、敏感性、审美意识、个人责任感、精神价值等方面的发展。"并在此基础上进一步强调："教育的基本作用，似乎比任何时候都更在于保证人人享有他们为充分发挥自己的才能和尽可能牢牢掌握自己的命运而需要的思想、判断、感情和想象方面的自由。"

这都说明，教育首先应着眼于人的发展，这是人类的共识。

回到这次年会的主题——"教育高质量发展"，"高质量发展"意味着什么呢？我谈谈我的理解。

我认为，现在之所以提倡"教育高质量发展"，是因为习近平总书记在党的十九大报告中指出"中国经济已经由高速增长阶段转向高质量发展阶段"。他还强调："高质量发展不只是一个经济要求，而是对经济社会发展方方面面的总要求；不是只对经济发达地区的要求，而是所有地区发展都必须贯彻的要求；不是一时一事的要求，而是必须长期坚持的要求。"

所谓"对经济社会发展方方面面的总要求"，那必然包括教育，所以这个概念应用到教育上，是顺理成章的。

那么，教育的高质量发展是什么意思呢？我们先看看经济的高质量发展是什么意思。党的十九届六中全会通过的《中共中央关于党的百年奋斗重大成就和历史经验的决议》指出："不能简单以生产总值增长率论英雄，必须实现创新成为第一动力、协调成为内生特点、绿色成为普遍形态、开放成为必由之路、共享成为根本目的的高质量发展。"

大家看，这张 PPT 上有许多空格，这不是排版出了问题，而是我有意空着。我们现在来做一个词语替换的游戏，为每个空格填上一个教育相关的词，就知道什么是"教育高质量发展"了。

首先是"不能简单以生产总值增长率论英雄"，如果指向教育，这里的"生产总值增长率"应该换成什么？（众答"升学率"）对，改成"不能简单以升学率论英雄"。接着是"必须实现创新成为第一动力"，如果指向教育，这里的"创新"应该换成什么？我觉得应该换成"核心素养"，"核心素养"这一概念不也常常强调"创新"吗？所以这句话可以改成"必须实现核心素养成为第一动力"。接下来是"协调成为内生特点"，对教育来说，什么是"协调"，不就是全面发展吗？所以，这句话自然可以改成"全面发展成为内生特点"，意思就是不能只有智力发展，还必须兼顾体育、德育、美育、劳动教育等，要全面协调地发展。再就是"绿色成为普遍形态"，我们用什么词来替代"绿色"呢？仔细想想，

"绿色"发展是说人与环境的关系，即发展不能以牺牲环境为代价，那么我们的教育同样不能以牺牲孩子的身心健康为代价，因此这里可以换成"生命至上"，即"生命至上成为普遍形态"。然后是"开放成为必由之路"，对于教育而言，"开放"就是国际视野，因此这句话可以改为"国际视野成为必由之路"。最后是"共享成为根本目的"，对教育来说，所谓"共享"不就是教育公平吗？所以，最后一句可以改成"教育公平成为根本目的"。

大家看这句话，"不能简单以升学率论英雄，必须实现核心素养成为第一动力、全面发展成为内生特点、生命至上成为普遍形态、国际视野成为必由之路、教育公平成为根本目的的高质量发展"，这不就是我们想要的"教育高质量发展"吗？所以，教育高质量发展的概念很好理解。

刚才说了，改革开放时期我们以经济建设为中心，是具有历史合理性的。现在，我们提出"以人民为中心"也具有时代的必然性。我一直在思考，"以经济建设为中心"与"以人民为中心"是什么关系？矛盾吗？当然不矛盾。"以人民为中心"是根本目的、是价值旨归，"以经济建设为中心"是逻辑必然、是根本路径，二者统一于新时代中国特色社会主义的伟大实践。因为过去很多时候我们把路径当成了目的，所以现在我们要纠偏，要强调"以人民为中心"。

那么，"以人民为中心"落实在教育上是什么呢？当然就是以儿童为中心。把每一个儿童放在心上，让教育重新回到一个个具体的孩子身上，关注人本身的成长、发展与幸福，这就是教育的"以人民为中心"，这就是教育的初心。

我还想强调的是，这里的"儿童"不是集体概念，不是"大家"。佐藤学说："在教室里并不存在'大家'，存在的只是有自己名字和容貌的一个一个的学生。"我们的教育就是要让一个个具体的孩子成长、发展、幸福。

大家注意，我说的是"一个个"，接下来我简单讲几个学生的故事。一个是我执教初期教过的学生，他当年成绩不错，现在是大学教授、博士研究生导师，是我们国家城市交通领域的著名专家。另一个也是我执教初期的学生，他的成绩一般，但为人正直善良，后来成了一名公交车司机，在我即将退休时，他还专门赶来听我的最后一节课。我教过的学生中有一位女生，当年成绩相当拔尖，高中毕业后考上清华大学，后来在美国读化学博士，成绩斐然。而另一位女生，是我当校长时教的学生，我先前说过，我们学校的生源大都来自当地的失地农民家庭。这个女孩没有考上大学，她读的是高职，学习护理专业。我联系她的时候，她正在实习，说自己明年六月毕业，要找工作。我自作主张想帮她，其实也帮不上，毕竟我是当老师的，和医院没什么关系。但我还是咨询了在医院工作的学生，结果那个学生告诉我，现在医院要求护士的学历至少是本科。我一听就气馁了，这样的孩子还有出路吗？但是她不泄气，正在努力争取拿到本科文凭。我鼓励她："人生的路很长，永远都别灰心。"她回道："我会凭自己的努力找到好工作的。"我说："说得对！前面还有许多困难，要永远保持善良！"我问她是否还记得我们学校的校训，她回复我："让人们因我的存在而感到幸福。我永远都不会忘记。"

老师的幸福感，不在于学生当中有一两个拔尖的科学家、艺术家，而在于每个学生都能保持初心，永远自强不息，永远纯真善良，让人们因自己的存在而感到幸福。因为人是教育的最高价值。

我们学校的学生百分之八十都是当地失地农民的孩子，家庭条件都不是很好，但我鼓励他们不要自卑，即便没有显赫的家庭背景，也可以凭借自己的努力过上理想的生活。我曾经给他们写过几句话，现在来读一读，为我今天的演讲收尾——

像风一样迅猛，

像火一样热烈，

像鹿一样敏捷，

像鹰一样飞翔……

青春的翅膀，

拍打着天空；

成长的足音，

震撼着大地。

告诉未来我能行，

告诉世界我来了！

向着太阳，

激情出发！

谢谢大家！

后记

历时三个月，前前后后修改打磨，终于完成了这本《人是教育的最高价值——李镇西教育演讲录》，但我还有一些心里话想对读者说，便写了这篇短短的后记。

这些演讲录，都是近年来我在外地（包括国外）讲学或者在一些会议上发言的实录，不少都是根据主办方的速记稿整理而成的。我演讲从来不写稿子，只有一个提纲，演讲时围绕主题自由发挥，因此语言风格更加口语化，现场感较强，与学术著作相比就显得不够严谨、规范，但我相信读者会理解并宽容的。

书的序言一般都是由德高望重的大家或名家所写，但我想，对我这个教育者最好的评价，应该来自我的学生。所以本书的序言是我的学生写的，希望大家能够理解我这个"另类"的安排。

实事求是地说，我的演讲在现场是比较受听众欢迎的，但这并不意味着我的观点多么独到而深刻，相反，我讲的都是常识。但现在很多人都遗忘了这些常识，通过我的演讲重拾常识，让教育回归教育本真，这可能是这本演讲录的价值所在。

此外，我是一个教育实践者，而非教育理论研究者，长期在校园中、教室里、讲台上工作，发言时喜欢采用生动形象的事例。因此，无论是写文章还是演讲，我都习惯于讲故事。这些故事都来自我的教育经历，主人公都是我和我的学生，或许这也是我的文章和演讲受人欢迎的原因，但愿这本演讲录也能受到读者的垂青。

我要感谢本书的每一位读者，是你们让我的教育思考与教育故事尽可能地传播，这是我的幸运！当然，我最应该感谢的是我的历届学生，是他们让我的教育情感更加充沛，教育思考更加深入，教育智慧更加深广，教育幸福更加浓厚……我的教育写作素材也因此源源不断！

同以往每一本新书出炉一样，我始终怀着忐忑的心情，期待着读者的指正。

李镇西

图书在版编目（CIP）数据

人是教育的最高价值：李镇西教育思想精华录 / 李镇西著. —— 长沙：
湖南人民出版社，2025. 6. —— ISBN 978-7-5561-3810-4

Ⅰ. G4-53

中国国家版本馆CIP数据核字第2025GU1100号

REN SHI JIAOYU DE ZUIGAO JIAZHI：LI ZHENXI JIAOYU SIXIANG JINGHUA LU

人是教育的最高价值：李镇西教育思想精华录

著　　者　李镇西

出 版 人　张勤繁
责任编辑　姚忠林
特邀编辑　杨　敏
产品经理　冯紫薇
装帧设计　董严飞
责任印制　虢　剑
责任校对　夏丽芬
资源运营　湖南中教出版传媒有限公司

出版发行　湖南人民出版社［http://www.hnppp.com］
地　　址　长沙市营盘东路3号
邮　　编　410005
经　　销　湖南省新华书店

印　　刷　长沙新湘诚印刷有限公司
版　　次　2025年6月第1版
印　　次　2025年6月第1次印刷
开　　本　880 mm × 1230 mm　1/32
印　　张　8
字　　数　170千字
书　　号　ISBN 978-7-5561-3810-4
定　　价　52.00元

营销电话：0731-82221529　（如发现印装质量问题请与出版社调换）